干线公路危旧桥梁
改造工程典型案例

人民交通出版社

北京

内容提要

本书是对干线公路危旧桥梁改造工程典型案例的分析和总结，内容包括设计方案类典型案例5项、施工工艺类典型案例6项、组织管理类典型案例3项、综合类典型案例5项。本书旨在为同类桥梁的改造工作提供宝贵的经验和借鉴，形成以"典"带面、示范引领的良好局面，为推动行业技术进步和发展、提升公路交通的安全性和舒适性做出积极的贡献。

本书可供交通运输行业桥梁建设人员学习参考，也可供公路工程建设、设计、施工等单位的技术人员及高等院校相关专业学生学习参考。

图书在版编目(CIP)数据

干线公路危旧桥梁改造工程典型案例 / 中交基础设施养护集团有限公司编. — 北京：人民交通出版社股份有限公司，2024.6
ISBN 978-7-114-19524-2

Ⅰ.①干⋯ Ⅱ.①中⋯ Ⅲ.①公路桥—桥梁工程—改造—案例 Ⅳ.①U448.14

中国国家版本馆 CIP 数据核字(2024)第091499号

Ganxian Gonglu Weijiu Qiaoliang Gaizao Gongcheng Dianxing Anli

书　　名：	干线公路危旧桥梁改造工程典型案例
著 作 者：	中交基础设施养护集团有限公司
责任编辑：	周佳楠
责任校对：	赵媛媛　魏佳宁
责任印制：	刘高彤
出版发行：	人民交通出版社
地　　址：	(100011)北京市朝阳区安定门外外馆斜街3号
网　　址：	http://www.ccpcl.com.cn
销售电话：	(010)59757973
总 经 销：	人民交通出版社发行部
经　　销：	各地新华书店
印　　刷：	北京市密东印刷有限公司
开　　本：	880×1230　1/16
印　　张：	9.75
字　　数：	137千
版　　次：	2024年6月　第1版
印　　次：	2024年6月　第1次印刷
书　　号：	ISBN 978-7-114-19524-2
定　　价：	100.00元

(有印刷、装订质量问题的图书，由本社负责调换)

本书编委会

汇编单位：中交基础设施养护集团有限公司
中交特种工程有限公司

案例推荐单位：天津市交通运输委员会　　吉林省交通运输厅
江苏省交通运输厅　　安徽省交通运输厅
福建省交通运输厅　　山东省交通运输厅
湖北省交通运输厅　　湖南省交通运输厅
广东省交通运输厅　　广西壮族自治区交通运输厅
重庆市交通运输委员会　　贵州省交通运输厅
青岛市交通运输局

汇编人员：桂　滨　曾松亭　赵东奎　宁鹏刚　余升友　景　彪
唱润好　胡成瀚　闵剑勇　汪　波　许喜强　周玉波
许　亮　熊炫伟　莫昌翔　苏远文　赵　辉　瓦庆标
孔大川　韩永平　朱世峰　涂　静　熊莞倪　闫明辉
王　锴　高　望　冯　波　郭俊峰　陈　进　刘　昂
赵　靖　陈　伟　马小云　谭雅中　申心力　程振清
钟志侨

评选专家：王　太　李毅谦　冯良平　宋　宁　陈　敏　胡　斌
庄亮东

前 言

"十四五"以来,交通运输部组织实施公路危旧桥梁改造行动,各地结合实际开展了大量卓有成效的工作,有效提升了公路桥梁安全运行水平。为总结推广各地成功经验和典型做法,交通运输部印发《交通运输部办公厅关于开展公路危旧桥梁改造工程典型案例征集工作的通知》(交办公路函〔2023〕1012号),面向全国征集公路危旧桥梁改造工程典型案例并组织开展评选工作。案例征集范围为2021年以来完成交工验收的干线公路危旧桥梁改造工程、单个桥梁改造工程或片区打捆实施的桥梁改造工程。

全国共26个省、自治区、直辖市、计划单列市积极推荐了82个案例,其中设计方案类20个、施工工艺类26个、组织管理类17个、综合类19个。结合交通运输部"十四五"时期公路危旧桥梁改造目标和要求,通过案例资料整理、初步筛选并组织开展专家评选,推选出具有示范性、可复制性的典型案例19个,其中设计方案类5个、施工工艺类6个、组织管理类3个、综合类5个,并印发《交通运输部办公厅关于印发干线公路危旧桥梁改造工程典型案例的通知》(交办公路函〔2024〕369号)向社会公布。典型案例来自全国12个省(自治区、直辖市)和1个计划单列市,东中西部都有入选,相对均衡;涉及桥梁结构类型广泛,包括简支梁桥、连续梁桥、空心板桥、斜拉桥、系杆拱桥、双曲拱桥、箱形拱桥、组合拱桥等多种类型,改造难度和技术要求各不相同。这些典型案例不仅在本地区、本领域产生了积极影响,也将对全国公路危旧桥梁改造起到示范引领作用,进一步提升公路危旧桥梁改造工作水平,为推动公路行业技术进步和高质量发展做出积极贡献。

为进一步促进典型经验借鉴交流,发挥典型案例以"典"带面、示范引领的作用,按照交通运输部公路局的统一部署,典型案例征集评选工作技术支持单位中交基础设施养护集团有限公司将典型案例汇编成册。每个案例分别从桥梁基本状况、实施内容(包括改造方案和实施过程)、实施效果评价、主要亮点和典型经验等方面进行了较为详细的分析和总结。

感谢各地交通运输主管部门对公路危旧桥梁改造工程典型案例征集工作的大力支持,特别是天津、吉林、江苏、安徽、福建、山东、湖北、湖南、广东、广西、重庆、贵州、青岛等,为本书提供了大量翔实的素材。

编 者
2024 年

目 录

第一篇　设计方案类

G102 线乌金屯松花江大桥维修加固工程 …………………………………… 3

G343 线众兴大桥"刚转柔"吊杆更换技术 …………………………………… 12

G209 线阳日大桥加固改造工程 ……………………………………………… 17

G318 线盘龙大桥加固改造工程 ……………………………………………… 27

G219 线百南大桥危桥改造工程 ……………………………………………… 40

第二篇　施工工艺类

桥梁支座同步顶升更换工程 ………………………………………………… 49

江苏省 S258 线青云跨线桥支座更换工程 …………………………………… 55

安徽省 S320 线濛洼大桥危旧桥梁改造工程 ………………………………… 62

G355 线南凌大桥加固改造工程 ……………………………………………… 69

G323 线东兰红水河大桥加固改造工程 ……………………………………… 74

G320 线花渔洞大桥改造工程 ………………………………………………… 82

第三篇　组织管理类

潜江市公路桥梁消危行动项目"EPC＋养护" ……………………………… 93

G207 线泗里河桥危旧桥改造工程 …………………………………… 100

广东省 S271 线江门潮连大桥加固工程 …………………………………… 104

第四篇　综　合　类

G330 线太平湖大桥危旧桥梁改造工程 …………………………………… 113

G20 线西流高架桥维修加固工程 …………………………………… 120

济宁市普通国省道桥梁通航安全综合评估及防船舶碰撞提升工程……… 126

广东省 S234 线揭阳老北河大桥危旧桥梁改造工程 …………………… 134

G348 线双江大桥维修加固工程设计施工总承包 ……………………… 138

第一篇 设计方案类

G102 线乌金屯松花江大桥维修加固工程

一、工程概况

乌金屯松花江大桥位于 G102 线吉林省扶余市境内,跨越松花江,跨径布置为(45.65＋3×45＋2×45.52＋3×45＋2×45.52＋3×45＋2×45.52＋3×45＋45.65)m,桥宽 11m＝1m(人行道)＋9m(行车道)＋1m(人行道),全长 915.52m,桥梁中心桩号为 K1192＋134。桥梁上部结构为 20 世纪 80 年代末国内首批修建的胶结节段拼装预应力混凝土简支箱梁;下部结构采用重力式桥墩、肋板式桥台,基础采用钻孔桩基础。桥梁开工时间为 1988 年 7 月,1989 年 9 月建成通车。桥梁整体图如图 1 所示。

图 1 乌金屯松花江大桥整体图

乌金屯松花江大桥维修加固工程由吉林省公路管理局、松原市公路服务中心组织实施,施工单位为中交特种工程有限公司,设计单位为吉林省交通规划设计院。本项目于 2021 年 10 月完工。

G102 线为连接黑龙江、吉林、辽宁三省的重要运输通道之一。多年来随着交通量不断增大、大型车比例不断增高,在反复车辆荷载及自然环境的侵蚀作用下,特别是近几年长春至拉林河高速公路改扩建工程建设过程中,分流交通及筑路材料运输导致道路出现不同程度的病害。乌金屯松花江大桥作为此路段节点性工程,出现了主梁节段接缝渗漏水、箱内积水、主梁混凝土剥落掉角、钢筋锈蚀、桥面坑洼不平、部分支座失效等病害,其技术状况和使用质量逐年降低,需采取必要的维修加固措施,以提高公路通行能力和服务水平。

2020年9月,乌金屯松花江大桥定期检查、承载能力检测评定和荷载试验的报告表明:

(1)本桥主要部件——上部承重构件评分51.78分,技术状况分类为4类。因此桥梁总体技术状况评定为4类。

(2)结合混凝土强度、钢筋锈蚀、保护层、碳化深度、基频等材质检测及理论计算结果,承载能力检测评定为"主梁混凝土强度满足设计要求;主梁钢筋有锈蚀活动性,但锈蚀状态不确定,可能锈蚀;混凝土保护层厚度不满足要求;主梁刚度满足要求;正常使用极限状态应力不满足规范要求,下缘应力储备不足,节段接缝易开裂。"

(3)荷载试验结果表明,该桥的整体工作性能良好,结构的静力行为与理论计算结果基本一致;结构实际刚度大于理论刚度,结构的总体刚度满足设计要求。在试验荷载作用下,结构处于良好的弹性工作状态,因此推断该桥在正常使用荷载作用下的强度及刚度满足设计及相关规范的要求。

基于上述检测评定,主梁承载能力极限状态抗弯承载能力相比原设计富余度降低17%,抗剪承载能力相比原设计富余度降低31%,正常使用极限状态正应力相比原设计由1.1MPa降至-1.3MPa,主梁下缘出现拉应力。本次维修拟恢复主梁承载能力及正常使用下缘压应力储备(增设预应力),并降低主梁恒载重量(取消人行道、优化调平层厚度、优化护栏底座重量),提高主梁的耐久性。

设计分别采用箱内增设体外预应力钢束和箱外腹板加厚增设体内预应力

两种方式进行维修加固。经过综合比较(表1),推荐采用箱内增设体外预应力钢束方式进行加固。

两种维修加固方式综合比较　　　　　　　　　　　　　　　　　表1

项目	箱内增设体外预应力钢束	箱外腹板加厚增设体内预应力
耐久性	未提高主梁的整体性及钢筋的保护层	腹板外侧增大截面,提高了钢筋的保护层,增加了主梁的整体性,消除了不良的社会影响。但需要在主梁腹板上大量植筋,对主梁及预应力钢束可能存在破坏。增加恒载重量,导致预应力钢束用量增加
维修养护	体外预应力后期可测、可调、可增、可换	施工完成后无法调整
预应力效应	箱内设置转向块、锚固块,恒载增加较少,预应力利用率高	箱外增加20~30cm厚的混凝土,恒载增加多,预应力利用率低
施工工艺	由于箱内空间狭小、箱内光缆及电缆众多,梁端张拉空间狭窄(仅1.2m空间,需单端张拉),施工较复杂。箱内施工,不方便社会监督。主梁植筋较少,对主梁破坏小,施工风险低	通过设置吊篮方式进行施工,无须搭设便桥,施工简单。由于在箱外施工,便于业主、监理及社会监督。箱梁外侧需大量植筋,对主梁破坏较大,施工风险高
主梁反拱度	与原设计基本持平	与原设计基本持平
经济性	体外预应力钢束较常规钢绞线略贵,且增加转向块、减震器等构造,综合造价略低	由于箱外增加混凝土及施工吊架,总体造价略高
辅助措施	箱外常规病害处治仅需设置简易吊架,费用低	由于箱外需架立模板,吊架需特殊设计,费用较高
估算造价	1833万元	1943万元
推荐方案	推荐	不推荐

二、实施内容

乌金屯松花江大桥维修除了对常规病害如裂缝、破损、剥落等进行处治外,还对结构实施了以下维修内容。

1. 箱内体外预应力加固

在箱内张拉体外预应力钢束,恢复主梁承载能力及下缘压应力储备。依据体外预应力束布设位置,在相应端隔板开孔,新增锚固端及转向块,在张拉体外预应力钢束后安装减震器。箱内张拉体外预应力钢束如图2所示。

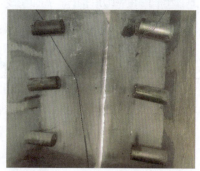

图2　箱内张拉体外预应力钢束

2. 桥面现浇层及沥青混凝土重新铺筑

铣刨桥面沥青铺装、凿除桥面调平层至主梁顶面(保护原主梁埋入的剪力筋),重铺 AC-13 细粒式橡胶改性沥青混凝土桥面铺装。维修前的桥面如图 3 所示,维修后的桥面如图 4 所示。

图3　维修前的桥面

图4　维修后的桥面

3. 桥头搭板重新铺筑，改移进箱通道位置

原设计桥头未设置搭板，本次维修中增设 5.55m 长桥头搭板。

由于进箱通道口与桥头金属梁柱式护栏渐变段产生冲突，本次维修将进箱通道改移，新设 2m×2m 箱式通道，由原有的"竖井式"变为"畅行式"，便于日常管养、检测人员进出。原进箱通道如图5所示，新进箱通道如图6所示。

图 5　原进箱通道

图 6　新进箱通道

4. 更换桥梁支座

本桥盆式支座已使用30年，部分支座接近失效，支座技术状况评定类别为4类。因此，本次维修采用整孔顶升技术，对全桥80个盆式支座进行更换。更换前的支座及调平钢板如图7所示，更换后的支座及垫石如图8所示。

图 7　更换前的支座及调平钢板

图 8　更换后的支座及垫石

5. 更换伸缩装置

由于伸缩装置止水带破损、锚固区混凝土破损露筋、错台等病害问题较严重,本次维修结合桥面整体化重做,对所有伸缩装置进行了更换。

6. 拆除人行道,安装 SA 级金属梁柱式护栏、泄水管

为降低桥面恒载,结合桥面铺装重做,本次维修取消了人行道。拆除人行道盖板及枕梁,将桥梁护栏调整为 SA 级金属梁柱式护栏,桥头增设连接段。

由于本桥桥面纵坡较缓,为加快桥面排水速度,本次维修结合护栏改造,将既有泄水管拆除,在护栏底座内侧新设泄水管,再利用既有的排水管吊架,将新设的纵向排水管与泄水管通过横向排水管连接,避免危化品泄漏污染桥下水体。改造前护栏如图 9 所示,改造后护栏如图 10 所示。

图 9　改造前护栏及人行道

图 10　改造后护栏

7. 实施桥梁健康监测

考虑本桥结构创新性高且桥位地理位置重要,为实时掌握桥梁的使用状况,本次维修对结构实施健康监测,对桥梁运营情况进行实时监控,在辅助大桥管理的同时,为桥梁养护及后期运营状况分析积累原始基础数据。传感器布设如图 11 所示,健康检测平台如图 12 所示。

图 11　传感器布设

图 12　健康监测平台

三、实施效果评价

乌金屯松花江大桥于 2021 年 10 月末完成体外预应力加固并竣工通车。本次维修提高了桥梁承载能力极限状态和正常使用极限状态强度储备,解决了桥面大面积坑槽影响行车安全舒适问题;通过对支座高程的"二次精细化"设计,保证行车平顺的同时降低车辆冲击力,提高伸缩装置锚固区的耐久性。2022—2023 年,本桥技术状况评定等级均为 2 类,桥梁使用性能良好,日常做好修复养护及预防养护可以保证桥梁良好的使用状态。

四、主要亮点和典型经验

(1) 设计前期加大检测投入,尊重客观检测结论,未盲目、简单粗暴地对桥梁进行拆除重建,而是结合前期检测结论,通过全寿命周期对比拟定维修加固方案。这不仅节约了工程建设资金,缩短了施工工期,更重要的是降低了社会影响,符合低碳、节约的设计理念。检测现场如图 13 所示。

(2) 支座垫石高度、桥面纵断面等细节设计采取"两阶段设计"。

(3) 优化进箱通道形式,为桥梁日常管养及检测提供便利。

(4) 实施前经充分论证,通过箱内体外和箱外体内两种方案对比,择优选择箱内增设体外预应力钢束加固方式。该加固方法整体费用较低,对原结构破坏小,后期检测和维护方便,切合工程实际,经济实用。

(5)对本桥实施健康监测,对桥梁运营情况进行实时监控,在辅助大桥管理的同时,为桥梁养护及后期运营状况分析积累原始基础数据。

图 13　检测现场

五、推广意义

1. 加大前期检测投入,秉承"合理、低碳、节约"的加固设计理念

结合桥梁规模及结构的复杂性,设计前期加大检测投入,避免盲目主观的"拍板设计",尊重客观检测结论,拟定合理可行的维修加固方案。

2. "两阶段设计"理念

加固过程中,支座垫石高度、桥面纵断面等细节设计始终贯彻"两阶段设计"理念。第一阶段为施工图设计阶段中的"工程方案设计",第二阶段为施工过程中结合现场实际情况对工程方案逐个参数所做的"工程精细化设计"。

3. "可持续"理念

体外预应力钢束为非隐蔽性工程,便于日后更换、调整;进箱通道由原有的"竖井式"变为"畅行式",便于日常管养、检测人员进出。

4. "智慧"理念

考虑桥梁结构特点,实施桥梁健康监测,对桥梁运营情况进行实时监控,在辅助大桥管理的同时,为桥梁养护及后期运营状况分析积累原始基础数据。

G343 线众兴大桥"刚转柔"吊杆更换技术

一、工程概况

众兴大桥位于 G343 线江苏省宿迁市泗阳县内,于 2001 年建成通车,桥梁中心桩号为 K269+013。该桥跨径组合为(13×20+71+11×20)m,引桥为 20m T 梁,主桥为净跨径 71m 下承式钢管混凝土拱桥。主桥拱肋为单圆管截面,上下弦管外径均为 1.1m,内灌 C50 混凝土;每片拱肋设吊杆 13 根,吊杆采用 8φ15.24mm 低松弛钢绞线,外套厚度 12mm 钢管,内灌 C40 混凝土。众兴大桥立面照如图 1 所示。

图 1 众兴大桥立面照

受限于早期技术条件,众兴大桥吊杆作为预应力构件进行设计,全桥吊杆力均采用相同的锚下应力进行控制,未考虑桥梁整体的受力状态。在运营超过 20 年后,全桥吊杆均出现不同程度的夹片错牙、钢绞线回缩现象,同时还伴有大面积锈蚀,吊杆技术状况较差,如图2所示。因此,急需开展全桥吊杆更换。

图 2　众兴大桥吊杆病害

众兴大桥维修加固工程由宿迁市公路事业发展中心组织实施,施工单位为南京路友道路工程有限公司,设计单位为华设计集团股份有限公司。本项目于 2022 年 9 月完工。

二、实施内容

结合桥梁改造后的运营要求,以受力合理、经济适用、环保耐久为原则,对全桥 52 根吊杆进行拆除,更换为"GJ 钢绞线整束挤压吊杆"。新吊杆采用锚固可靠、防腐性能优越的成品索,拱肋侧采用索体自带张拉锚头,系梁侧现场制作插销耳板锚固体系。其中,1 号、13 号吊杆因长度过短无法张拉而采用刚性拉杆;其余 2～12 号吊杆均采用成品索。

三、实施效果评价

通过对全桥吊杆进行更换,本项目从根本上解决了全桥吊杆锈蚀、夹片错牙、钢绞线回缩等病害。同时,将刚性吊杆体系转变为柔性吊杆体系,改善了桥面系受力状态。

四、主要亮点和典型经验

1. 精细化设计创新点一：受限空间设计

通过对桥梁现场状况的分析，提出使用"系梁耳板+钢绞线整束挤压吊杆"的更换方案，不但减少了对原结构的损伤，也缩短了施工工期，提高了改造方案的可靠性与经济性。

受限于原桥吊杆预埋管尺寸，采用强度更高、锚头更小的"GJ钢绞线整束挤压吊杆"；因锚头空间仅12cm，创新性地采用了新增耳板分离式连接方式，系杆穿精轧螺纹钢锚固，避免对原桥拱肋和系梁内钢绞线造成损伤。众兴大桥新增耳板如图3所示。

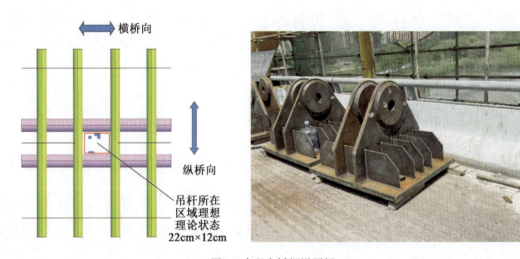

图3 众兴大桥新增耳板

2. 精细化设计创新点二："刚转柔"吊杆设计

通过对既有桥梁的吊杆体系进行建模分析，提出将系杆拱桥原有的刚性吊杆体系转换为柔性吊杆体系。配合先进的成品钢束体系，微小降低整体刚度却更加适应当前桥梁的变形要求。同时，优化"刚转柔"后全桥吊杆索力目标值，进一步改善结构受力状态。众兴大桥"刚转柔"吊杆施工如图4所示。

图 4　众兴大桥"刚转柔"吊杆施工

3. 精细化设计创新点三：全寿命周期监测

通过全寿命周期监测，实现旧桥吊杆索力从吊杆更换施工到服役期全寿命周期的智能监测，能够实时掌握任何阶段吊杆索力变化情况。在施工期对吊杆张拉水平进行合理把控，在运营期为桥梁管养决策提供更为科学的参考数据，减少项目投入，提升养护水平。众兴大桥健康监测如图 5 所示。

图 5　众兴大桥健康监测界面

五、推广意义

1. 形成一套系杆拱桥刚性吊杆更换的成套技术

依托众兴大桥吊杆更换的设计与施工，形成了系杆拱桥吊杆更换的成套技术。吊杆体系改造的针对性设计大幅提高了加固的有效性,保障了该类型桥梁的运营安全和耐久性。本项目的"刚转柔"吊杆体系转换技术经验已在江苏无锡、泰州地区进行推广。

系杆拱桥梁在江苏省内已建成的桥梁中占比较高。若部分吊杆存在锈蚀、夹片错牙、钢绞线回缩等病害,本项目针对系杆拱的吊杆更换技术将有广泛的适用性和广大的应用空间。

2. 轻量化监测在吊杆更换养护工程场景成功应用

根据交通运输部有关要求,宿迁市整合桥梁监测、检测、养护管理等资源,加强监测系统、人工检测、养护管理相融合。推广桥梁监测系统应用,在众兴大桥吊杆更换施工中成功引入轻量化监测模式,实时在线采集数据,长期评估加固效果,有效掌握桥梁服役状况。众兴大桥吊杆更换施工过程及完工照如图6所示。

图6 众兴大桥吊杆更换施工过程及完工照

G209 线阳日大桥加固改造工程

一、工程概况

1. 桥梁概况

阳日大桥位于 G209 线湖北省神农架林区境内,于 1973 年 11 月开工建设,1975 年 8 月正式通车。桥梁设计荷载为汽—15、挂—80;全长 158.5m,主跨为 3×42m(净跨)空腹式钢筋混凝土双曲拱桥;桥面净宽 7m,两侧加 1m 人行道,桥面全宽 9.5m。桥台采用重力式桥台、扩大基础,桥墩采用重力式墩、扩大基础。阳日大桥加固前和加固后的全景如图 1 所示。

a)阳日大桥加固前全景

b)阳日大桥加固后全景

图 1 阳日大桥全景图

阳日大桥加固改造工程由神农架林区公路管理局组织实施,施工单位为四川省君源水电建设有限公司,设计单位为湖北省交通规划设计院股份有限公司。本项目于 2023 年 4 月 11 日完工。

2. 病害情况

(1) 上部结构

主拱圈多处渗水、析白;拱肋出现 L 形、U 形和网状裂缝;腹拱渗水、积水、析白。上部结构病害如图 2~图 7 所示。

图 2　主拱圈局部析白

图 3　拱肋 L 形裂缝

图 4　拱肋网状裂缝

图 5　腹拱处积水

图 6　腹拱渗水、析白

图 7　腹拱渗水

(2)下部结构

桥墩出现混凝土麻面和竖向裂缝,基础存在冲刷现象。下部结构病害如图8、图9所示。

图8 桥墩竖向裂缝　　　　　　　　图9 墩基础冲刷

(3)桥面系

桥面铺装存在粗集料外露,桥面出现纵横向裂缝;人行道挑梁有水迹、锈蚀;护栏出现锈蚀、露筋。桥面系病害如图10～图13所示。

图10 桥面铺装粗集料外露　　　　　图11 桥面铺装裂缝

图12 人行道横向裂缝　　　　　　　图13 护栏锈蚀、露筋

二、实施内容

1. 混凝土裂缝修补

(1) 桥梁混凝土结构常规裂缝处治

凡宽度 <0.15mm 的裂缝,进行表面封缝处理;凡宽度≥0.15mm 的裂缝或出现渗水、钙化的裂缝,进行灌缝处理。

(2) 桥墩裂缝处治

桥墩竖向裂缝通过封缝、灌缝进行处治;水中桥墩在条件允许的情况下考虑在枯水期进行裂缝处治。

2. 混凝土表面缺陷修补

(1) 大面积表面缺陷及混凝土质量问题

人工凿除松动的混凝土、外露集料,清理界面,采用环氧混凝土进行修补。

(2) 小面积且较浅的混凝土空洞

人工凿除松动的混凝土、外露集料,钢筋除锈,采用环氧砂浆进行修补。

(3) 小面积且较深的混凝土空洞

采用小孔压浆(环氧砂浆)灌注修补。

3. 喷涂阻锈剂

针对钢筋混凝土结构表面出现的破损、疏松、露筋、蜂窝麻面等病害,先清除混凝土表面的浮浆、尘土、油污、水渍、霉菌或其他残留物,再在其表面喷涂两遍阻锈剂。

4. 主拱圈采用钢管套拱加固新技术

在主拱圈内部空腔增设螺旋钢管,在螺旋钢管和主拱圈之间浇筑混凝土形成闭合箱形截面。其中新旧混凝土通过植筋连接,螺旋钢管与新增混凝土之间通过栓钉连接形成整体受力的组合结构。主要施工步骤如下。

(1)步骤一

双曲拱桥主拱圈构造尺寸复核,分节预制螺旋钢管、法兰盘。

(2)步骤二

主拱圈常规病害处治,主要包含主拱圈裂缝封闭、表面缺陷修补、钢筋除锈防腐等。

(3)步骤三

浇筑拱脚加强段,预埋法兰盘钢板及连接螺栓。拱脚加强段效果如图14所示。

(4)步骤四

将横隔梁改造为横隔板,预埋法兰盘连接螺栓。横隔梁改造为横隔板效果如图15所示。

图14 拱脚加强段效果图

图15 横隔梁改造为横隔板效果图

(5)步骤五

主拱圈植筋,呈梅花形布置,焊接并绑扎钢筋骨架,在主拱圈内部架设、拼接螺旋钢管。拼接螺旋钢管效果如图16所示。

(6)步骤六

搭建模板,在螺旋钢管与主拱圈之间的空腔内浇筑混凝土。主拱圈空腔浇筑混凝土后效果如图17所示。

图 16　拼接螺旋钢管效果图

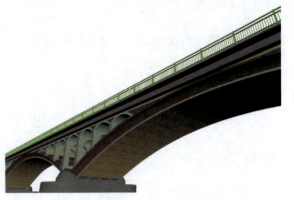
图 17　主拱圈空腔浇筑混凝土后效果图

5. 拱背外包混凝土

在拱背常规病害处治完成后,拱背外包混凝土,以提高拱脚处结构刚度及承载力。拱背外包混凝土效果如图 18 所示。

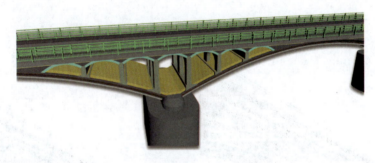
图 18　拱背外包混凝土效果图

6. 更换拱上填料

为平衡加固导致的恒载增加,采用轻质混凝土换填拱上填料。此举还能够有效改善和加强桥面荷载的扩散效应,提高结构整体性。

7. 更换桥面铺装、人行道、护栏及栏杆

针对桥面铺装开裂,人行道破损,护栏及栏杆锈蚀、露筋等病害,更换桥面铺装以恢复结构的密闭性及整体性,更换人行道、护栏及栏杆以满足桥梁安全防护需求。桥面铺装、护栏、人行道及栏杆更换后的效果如图 19 所示。

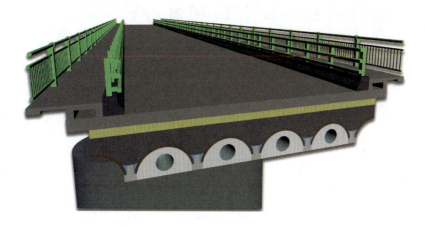

图 19　更换后的桥面铺装、护栏、人行道及栏杆效果图

8. 增设伸缩装置

为满足大跨径桥梁伸缩及变形的要求,在两侧桥台增设 D80 型伸缩装置。伸缩装置断面图如图 20 所示。

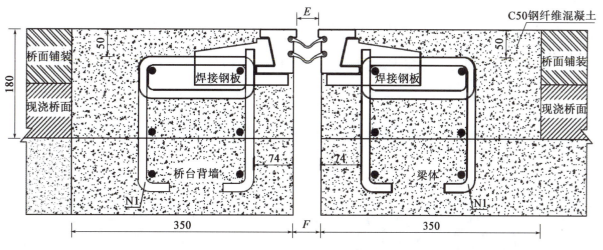

图 20　伸缩装置正断面图(尺寸单位:mm)

9. 桥台防护设施维护

现有桥台前墙、侧墙等采用圬工块石、片石砌筑,其局部会出现开裂等病害。在圬工结构病害处灌注水泥砂浆,通过此维修方法恢复圬工结构的整体性和密实性。

10. 桥墩防护处治

针对墩基础冲刷的病害情况,采用镀锌石笼网防护体系,使桥墩基础免受河水冲刷。桥墩防护处治立面布置图如图 21 所示。

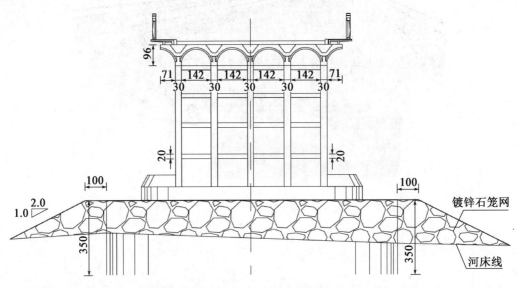

图 21 桥墩防护处治立面布置图(尺寸单位:cm)

11. 增设标志、标牌

运营多年后该桥技术状况已发生变化,本次维修在桥头增设了新的桥梁限载、限重标志牌及桥梁信息牌,以确保车辆通行安全及桥梁运营安全。增设桥梁标志、标牌如图 22 所示。

a)桥梁限载、限重标志牌

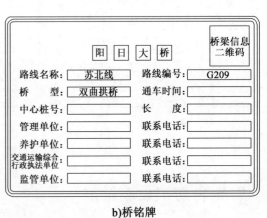

b)桥铭牌

图 22 增设标志标牌

三、实施效果评价

根据阳日大桥病害情况提出相应处治措施,针对双曲拱桥这一桥型,首创并应用了钢管套拱加固新技术,消除了桥梁的安全隐患,提高了桥梁结构的承载能力和稳定性,延长了桥梁的使用寿命,保证了人、车通行的安全性和舒适性,达到了预期加固效果。桥梁加固改造后如图23~图26所示。

图23　桥梁加固后侧面实拍

图24　桥梁维修加固后涉水墩及拱底实拍

图25　桥面铺装更换后实拍

图26　人行道、护栏和栏杆更换后实拍

四、主要亮点和典型经验

1. 采用钢管套拱新技术

首次采用钢管套拱加固新技术,解决了老龄化双曲拱桥承载力不足的问题,延长了桥梁的使用寿命。

2. 不降低桥下净空及过水断面

钢管套拱加固新增截面均位于主拱圈内部空腔,因此能保证维修加固不改变桥下净空及过水断面。

3. 新旧结构协同受力

新旧混凝土之间通过植筋连接形成整体,螺旋钢管与新混凝土之间通过栓钉连接形成整体,保证了新旧结构协同受力,增强了双曲拱桥的整体性。

4. 整体性及适应性强

采用钢管套拱加固新技术,将主拱圈改造为整体受力的箱形组合结构,大幅度提高了双曲拱桥的整体性。该技术适用于不同跨径及布置形式的双曲拱桥维修加固。

5. 节省材料,便于施工

在主拱圈内部设置螺旋钢管,减少混凝土材料的消耗,螺旋钢管作为受力构件也可承担部分施工荷载。

五、推广意义

湖北省内现存一定数量的双曲拱桥,其加固改造费用约占新桥建设费用的30%~40%。综上所述,开展钢管套拱加固新技术推广应用,可合理延长既有双曲拱桥的使用寿命,降低公路维护成本,避免拆除重建带来的环境污染和破坏,对推动湖北省交通建设健康、可持续发展具有重要意义,同时相关研究成果具有广阔的应用前景。

G318 线盘龙大桥加固改造工程

一、工程概况

1. 桥梁概况

盘龙大桥位于 G318 线湖北省武汉市境内,是武汉市黄陂区跨越府河、连接东西湖区及武汉中心城区的重要交通节点之一。盘龙大桥全长 1230m,跨径布置为:20×30m 预应力钢筋混凝土 T 梁 +45m 等截面箱梁 +80m 变截面箱梁 +45m 等截面箱梁 +12×30m 预应力钢筋混凝土 T 梁 +3×30m 预应力钢筋混凝土 T 梁 +2×40m 预应力混凝土 T 梁 +11×16m 预应力钢筋混凝土空心板梁。桥幅布置为:0.25m(人行道护栏) +1.75m(人行道) +11.5m(行车道) +0.5m(中央分隔带) +11.5m(行车道) +1.75m(人行道) +0.25m(人行道护栏)。

盘龙大桥加固改造前如图 1 所示,盘龙大桥加固改造后如图 2 所示。

图 1 盘龙大桥加固改造前

图 2 盘龙大桥加固改造后

大桥下部结构为钻孔桩基础。全桥共有墩台42个,其中桥台为肋板式桥台,台前设浆砌片石锥形护坡。主桥桥墩20号、21号、22号、24号为薄壁式墩,其余均为双柱式墩。

盘龙大桥加固改造工程由武汉市黄陂区公路管理局组织实施,施工单位和设计单位均为湖北省交通规划设计院股份有限公司。本项目于2023年8月25日完工。

2.桥梁病害

2020年7月,发现盘龙大桥2联梁板整体下移(下游伸缩缝无间隙、上游拉开12cm)、变截面箱梁与预制T梁的过渡墩出现纵向近1cm宽的裂缝等病害,具体病害及缺陷如下。

(1)桥面系:28号桥墩处伸缩缝最大拉开12cm,30号、26号桥墩处伸缩缝过窄。伸缩缝病害如图3、图4所示。

图3 28号桥墩伸缩缝拉开

图4 伸缩缝挤死

(2)上部结构:主桥左右幅箱梁内部腹板、齿板出现斜向裂缝,呈对称分布,主要集中在第22跨$L/4$、$3L/4$处。

主桥箱梁外底板普遍出现斜向裂缝,主要位于$L/4$、$3L/4$跨边缘;箱内顶板出现纵向裂缝、齿板出现竖向裂缝;横隔板出现竖向裂缝;箱梁内部出现混凝土剥落、露筋等缺陷等。箱梁病害如图5、图6所示。

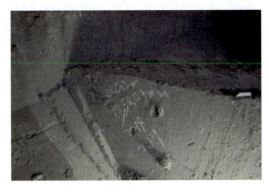
图 5　箱梁齿板斜向裂缝

图 6　箱梁腹板斜向裂缝

盆式支座钢组件锈蚀,引桥各支座均存在不同程度的老化开裂、剪切变形。支座病害如图 7、图 8 所示。

图 7　支座钢组件锈蚀

图 8　支座老化开裂

(3)下部结构:20 号过渡墩处盖梁截面变化位置存在竖向裂缝;左幅 23 号过渡墩盖梁截面变化位置存在倒 U 形裂缝 1 条,长 18m、宽 8mm,缝宽超限;右幅 23 号过渡墩盖梁存在 U 形裂缝 1 条,长 15m、宽 5mm;38 号墩台在路改桥变更设计后,原肋板台肋板出现 1 条 U 形裂缝。过渡墩裂缝病害如图 9 所示。

图 9　过渡墩变截面处竖向裂缝

二、实施内容

1. T 梁纵向整体顶升复位

1) 梁体纵向偏位特点

常规的顶升复位仅适用于梁体的横向偏位。针对本项目梁体纵向偏位的如下特点，制定复位方案。

(1) 受力点受限制。梁端没有作业空间，纵向顶推千斤顶缺少直接受力点。本方案将顶推力作用于横隔板上，而横隔板属于薄弱结构，解决方案是通过设置本项目设计的平移复位机构，变滑动摩擦为滚动摩擦，减小纵向顶推力。

(2) 千斤顶同步控制难度大。盘龙大桥是桥面连续结构，必须一联同时顶推作业。本方案采用数字化精确控制，并在梁头和梁尾同时设置顶推反力架和限位反力架，前端推力，后端卸力，确保主梁精准平移。

(3) 纵向偏位较大，一次顶升无法到位。本方案在平移复位机构上设置限位块，限制每个行程的位移量，横桥向锁死，防止桥梁产生横向偏位，纵桥向单次允许最大位移量为3cm。通过多次顶升组合，主梁可到达预设位置。

(4) 顶升重量大。单片40m T 梁的重量达192t，会产生较大的摩阻力。本方案将支座替换为平移复位机构，用于承受全部上部结构荷载。一个平移复位机构包含20个轴承，加工过程中需要严格控制质量，确保20个轴承位于同一平面，避免受力不均匀产生局部破坏，每个轴承承受不小于112kN 的承载力。设置平移复位机构后，单片梁板推力降至71kN。

2) 顶升复位流程

一套完整的顶升复位流程如图10所示。顶升复位步骤如下。

(1) 初始状态，伸缩缝拉开12cm，如图11所示。

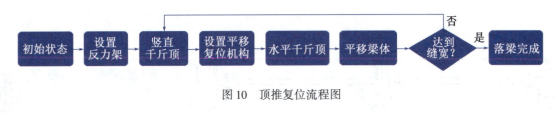

图 10　顶推复位流程图

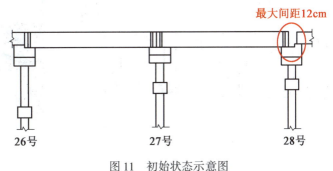

图 11　初始状态示意图

（2）步骤一：在桥墩上架设反力架，为顶推提供作用平台，如图 12 所示。

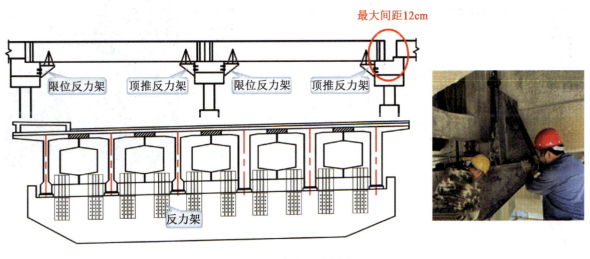

图 12　步骤一示意图

（3）步骤二：设置竖向千斤顶将主梁全部顶起，使支座脱空，如图 13 所示。

（4）步骤三：用平移复位机构替换原支座，千斤顶卸力，落梁于平移复位机构上，如图 14 所示。

（5）步骤四：架设水平千斤顶，梁头千斤顶加载，推动主梁前移，梁尾千斤顶卸载，释放前移量。平移完成后判断伸缩装置间隙是否达到预设值，若未达到预设值，则返回步骤二，重复下一进程，直至其间隙尺寸达到预设值。步骤四如图 15 所示。

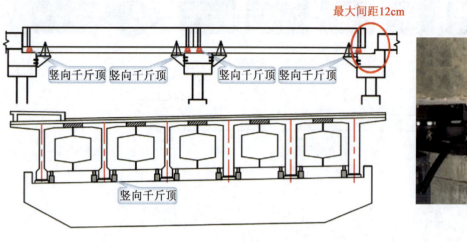

图13 步骤二示意图

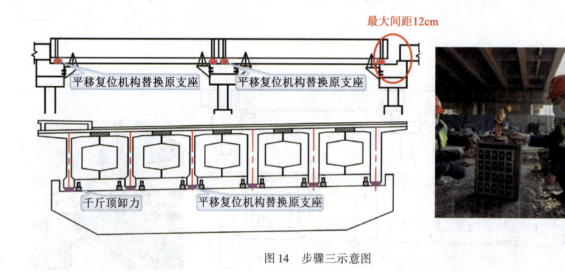

图14 步骤三示意图

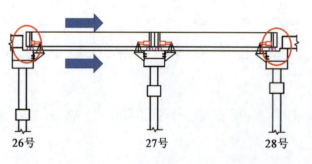

D80伸缩装置间隙尺寸表				
安装温度T（℃）	10	15	20	30
型钢间距E（mm）	50	45	40	30
梁端间隙F（mm）	70	65	60	50
注：施工根据实际温度调整间距。				

图15 步骤四示意图

（6）步骤五：竖向顶升梁体，移除平移复位机构并更换新支座，落梁，完成复位，如图16所示。

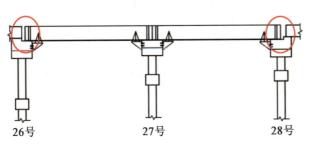
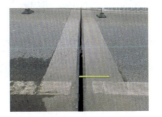

实测间距：45mm

图16 步骤五示意图

2.适用于既有桥梁的平移复位机构

针对既有桥梁纵向位移病害设计一种平移复位机构。本机构平面呈矩形,竖向钢板均匀布设有圆孔用于设置钢轴;沿钢轴均匀排布轴承,轴承内部设置有钢制圆柱滚子;通过顶部钢垫板将梁体压力分摊至各个轴承,利用轴承系统实现桥梁纵向移动,同时在横、纵桥向设置限位块,防止梁体过度平移。平移复位机构如图17~图20所示。

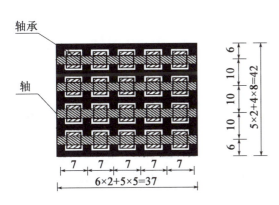
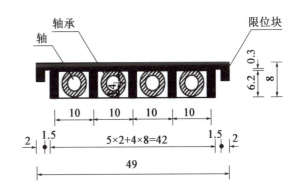

图17 平移复位机构平面图(尺寸单位:cm)　　图18 平移复位机构断面图(尺寸单位:cm)

图19 平移复位机构实物照片　　图20 平移复位机构应用照片

此平移复位机构能够很好地解决既有桥梁纵向偏移复位的问题,从而提升桥梁顶升复位的施工速度,并且具有很好的便利性及通用性。施工方法简便可行,施工过程中利用平移装置临时替代原有桥梁支座,使得施工便利性大幅提高。

3. 其他病害处治

1) 混凝土裂缝修补

(1)桥梁混凝土结构常规裂缝处治:凡宽度 <0.15mm 的裂缝,进行表面封缝处理;凡宽度≥0.15mm 的裂缝或出现渗水、钙化的裂缝,进行灌缝处理。

(2)桥墩裂缝处治:桥墩竖向裂缝通过封缝、灌缝进行处治;水中桥墩在条件允许的情况下考虑在枯水期进行裂缝处治。

2) 混凝土表面缺陷修补

(1)大面积表面缺陷及混凝土质量问题:人工凿除松动的混凝土、外露集料,清理界面,采用环氧混凝土进行修补。

(2)小面积且较浅的混凝土空洞:凿除松动混凝土、外露集料,钢筋除锈,采用环氧砂浆进行修补。

(3)小面积且较深的混凝土空洞:采用小孔压浆(环氧号砂浆)灌注修补。

3) 主桥箱梁加固

在箱梁内粘贴钢板,钢板与箱梁之间通过锚栓、粘钢胶连接,形成受力整体,如图21所示。

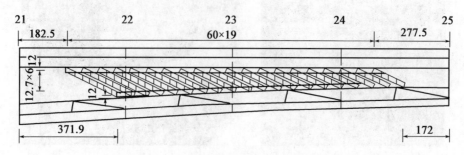

图21 箱梁粘贴钢板加固(尺寸单位:cm)

4）20 号、23 号过渡墩维修加固

左右幅 20 号、23 号过渡墩截面变化位置处存在竖向裂缝。为改善结构的受力情况，恢复过渡墩的整体性，对上述过渡墩采取如下处治措施：

（1）对过渡墩裂缝进行处治。完成后，对过渡墩增设倒角，如图 22 所示。在其截面变化处植筋，绑扎钢筋网，浇筑混凝土，以改善该处的受力情况。

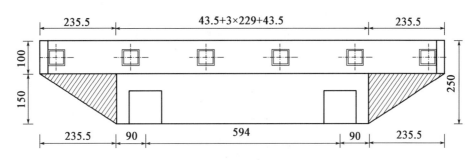

图 22 过渡墩增设倒角图（尺寸单位：cm）

（2）在过渡墩盖梁处粘贴钢板，以恢复过渡墩结构的整体性，如图 23 所示。

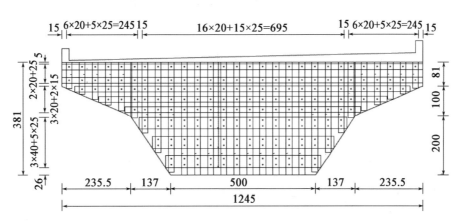

图 23 过渡墩粘贴钢板（尺寸单位：cm）

（3）因墩顶设置有两排支座，部分盖梁中心线上存在开裂，为保证桥墩盖梁的整体性，在盖梁正立面两侧对穿打孔，穿预应力钢筋进行张拉并压浆，通过施加预应力来控制裂缝的发展，恢复盖梁的整体性，如图 24 所示。

5）38 号桥台粘贴钢板

在桥台肋板外围粘贴钢板，钢板与肋板之间通过锚栓、粘钢胶连接，形成受力整体。桥台粘贴钢板如图 25 所示。

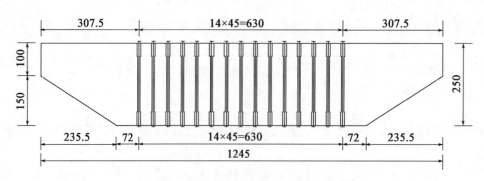

图 24　过渡墩张拉预应力钢筋(尺寸单位:cm)

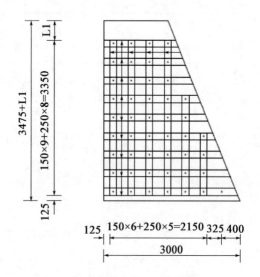

图 25　桥台粘贴钢板(尺寸单位:mm)

6)支座更换及维修

由于本桥运营年限较长,其引桥各支座存在不同程度的老化开裂,因此对全桥引桥支座进行整体更换,保证桥梁结构的正常运营。

7)增设伸缩装置

(1)伸缩装置止水带更换

对存在止水带破损、缺失的伸缩装置进行止水带的更换和增设。

(2)伸缩装置更换

对存在异常拉伸、挤死的伸缩装置进行更换处治。

8)桥台锥坡维修

因桥台锥坡存在不同程度的损坏,对桥台锥坡采用预制六方块进行重新铺装,保证桥台锥坡的耐久性及养护管理人员日常巡查的便利性。

三、实施效果评价

发现病害、缺陷情况后,本项目组及时组织实施加固改造工程,掌握该桥的技术状况,有针对性地提出各类病害的处治措施和加固方案并采取了经济适用的施工技术,成功解决梁板偏移复位,消除了桥梁的安全隐患,提高了桥梁结构的承载能力和稳定性。

盘龙大桥加固改造过程及效果如图26～图28所示。

图26　一联同步顶升施工

图27　桥梁维修加固后伸缩装置效果

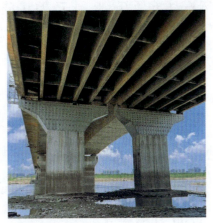

图 28 加固后过渡墩效果

四、主要亮点和典型经验

1. 复位过程梁体受力稳定

目前常用的桥梁位移复位方法,如滑板反力架复位法和锚固式反力架复位法,在梁体复位过程中存在一些不稳定因素,如不便确定顶升位置和顶升力大小。而平移复位机构承担原有支座的受力作用,在梁体复位过程中保持原有梁体受力特性不变,从而使梁体受力更加稳定和可靠。

2. 复位过程梁体移动更稳定、更安全

平移复位机构能有效承担桥梁梁体的压力,使得桥梁的纵向移动更加平衡和稳定;限位块的设置能够有效避免梁体过度平移,使施工过程更加可控,保证了桥梁的安全性和稳定性。

3. 不中断交通,边通车边复位

盘龙大桥是武汉市黄陂区通往主城区的一条重要通道,日均车流量较大,高峰时期达到 15 万辆次/日,交通组织难度大。采用此复位方法无须中断交通,复位过程中车辆仍可正常通行,保障了居民出行需求。

4. 体现桥梁加固中的技术创新

传统的桥梁加固方法可能存在工期长、成本高等问题,盘龙大桥梁板偏移

采用了平移顶升复位新工艺,可快速、经济地对危旧桥梁进行加固和修复,提高了效率,减少了投入。

五、推广意义

盘龙大桥使用平移顶升复位方法,边复位边通车,保证了复位过程梁体移动更稳定、更安全,取得了非常好的成效。而且,与其他桥梁位移复位方法相比,平移顶升复位方法具有更广泛的适用性。它不受桥型、支座类型和桥梁位移方向的限制,应用场景较多,尤其适用于以下五种情况:

(1)适用于支座老化失效的,变形无法复位的桥梁;

(2)适用于长大纵坡桥梁,尤其在山区公路中长大纵坡桥梁占比多,易出现梁体单向、纵向滑移;

(3)由于四氟板支座无法约束纵向位移,因此适用于连续多跨简支梁桥;

(4)由于梁体热胀冷缩引起位移量积累,因此适用于大温差地区桥梁;

(5)由于车辆的制动力效应引起主梁纵向滑移,因此适用于大交通量、重载车通行比重大的桥梁。

该方法实施过程相对简单、安全可靠、施工便利,为梁体纵向偏位处治提供了全新的解决方案和可复制、可推广的经验。

G219 线百南大桥危桥改造工程

一、工程概况

百南大桥位于 G219 线广西壮族自治区百色市那坡县境内。桥梁中心桩号为 K9405+275，全长 95m，桥面总宽 7.6m，与路线交角为 90°。

该桥左侧为 1×65m 钢筋混凝土双曲拱桥，右侧为 5×16m 钢筋混凝土简支梁桥。上部结构左侧为钢筋混凝土双曲拱；右侧为钢筋混凝土空心板梁，空心板梁的支座类型为板式橡胶支座。下部结构左幅拱桥为重力式桥台+明挖扩大基础；右幅梁桥为独柱式桥墩+桩基础，重力式 U 形桥台+明挖扩大基础。桥面采用水泥混凝土铺装。

作为衔接那坡县百南乡、百省乡、百合乡的交通要道，百南大桥运营几十年来，交通量巨大，加之受到往来重型货车超限超载等诸多因素的影响，上部结构拱肋、腹拱出现锈胀露筋、贯通裂缝，下部结构盖梁破损，桥面产生横向裂缝及网状裂缝、伸缩装置型钢断裂等，存在较大安全隐患。百南大桥改造后全景如图 1 所示。

图 1 百南大桥改造后全景图

百南大桥危桥改造工程由广西北投公路建设投资集团有限公司组织实施,施工单位为广西北投交通养护科技集团有限公司,设计单位为广西交通设计集团有限公司。本项目于 2022 年 9 月完工。

二、实施内容

1. 主要工作内容

(1)桥面系改造

更换桥面铺装,更换台后部分填料,做好相应的桥面排水措施,增设应急池,新建混凝土护栏。

(2)主体结构加固

主拱肋采用增大截面加固(图2),拆除腹拱,改建行车道板。台后回填、拱上填料采用 LC15 轻质混凝土。主梁采用拼宽空心板梁粘贴钢板加固(图3)。

图 2　拱肋增大截面加固

图 3　主梁粘贴钢板

2. 主要措施

（1）提升主拱肋承载能力

根据拱桥受力特点,双曲拱结构主要为偏心受压构件。采用主拱肋增大截面加固,同时在拱脚、拱背进行加强的施工工艺,能在减小对主拱结构损伤的同时,有效提升主拱承载能力。采用 C40 自密实混凝土,能很好解决后浇混凝土与原结构混凝土黏结质量及混凝土密实性的问题。主拱肋自密实混凝土浇筑见图 4。

图 4　主拱肋自密实混凝土浇筑

（2）腹拱结构改造为行车道板

原拱桥的拱上立柱以上腹拱及腹拱上填料部分体积及自重较大,同时腹拱内填料吸水易产生排水不畅等病害,导致主拱所承受的恒载增加,从而增加对主拱的作用力,全桥承载能力富余度降低;原腹拱上填料变形易导致桥面铺装变形,增加后期养护成本。将原腹拱部分拆除,改造为行车道板,能在尽量保持原拱桥结构受力状况的同时减轻拱上恒载,从而提升拱桥承载能力富余度;行车道板替换了原腹拱及填料,避免了拱上填料变形导致的桥面变形。

（3）使用轻质混凝土减少拱上恒载

原拱桥的拱上填料多用填土回填,填土抗压强度低、自重较大、易变形且吸水性较强,导致原拱桥恒载较大、承载能力富余度降低。LC15 轻质混凝土相较于填土,有抗压强度较高、自重较轻、不易变形、不易吸水等优点,能有效减轻拱桥的拱上恒载,从而提升拱桥承载能力富余度。

（4）解决台后与路堤之间的不均匀沉降

台后的不均匀沉降会造成跳车等现象发生。为了避免或减少台后不均匀沉降问题,台后回填材料采用 LC15 轻质混凝土。

（5）尽快恢复交通

由于该桥改造工艺相对复杂且施工耗时较长,而该路段地处交通要道,往来车辆众多,对周边居民生活出行影响较大,须采取更高效的施工方法来缩短工期。因此,采用上述创新施工方法,在拱上结构物拆除的同时,完成拱肋增大截面加固施工,在保证施工安全和工程质量的前提下,大幅度缩短工期,从而在工期节点前完成施工任务。

三、实施效果评价

（1）主拱肋采用 C40 自密实混凝土增大截面加固,相较于传统混凝土,减少了施工振捣不密实的情况发生,且增大截面加固后承载能力有了显著提升。

（2）将原腹拱改建为行车道板后,有效减小了拱上自重,且优化了行车舒适性。

（3）LC15 轻质混凝土表观密度为 1400kg/m^3,相较于传统填土填料,在同等体积下降低了约 30% 的自重荷载。在保证足够的承载能力下,采用 LC15 轻质混凝土能大幅度降低拱桥所承受的拱上结构自重荷载。

（4）台后采用 LC15 轻质混凝土进行回填,解决了台后的不均匀沉降问题,完工后未出现不均匀沉降现象。

（5）拱上结构物拆除的同时完成拱圈的增大截面加固施工,相较于传统施工工艺的计算工期,缩短约 1 个月。且施工过程中,能够有效保证施工安全和工程质量,顺利完成工期节点任务。

四、主要亮点和典型经验

(1)采用自密实混凝土对主拱肋进行增大截面加固施工,在保证加固后的拱桥承载能力满足要求的前提下,解决由于施工条件限制而使混凝土振捣不密实的难题,提高拱桥加固后的适用性和安全性。主拱圈加强段自密实混凝土浇筑如图4所示。

(2)采用行车道板替换原就存在病害的腹拱及填料,降低腹拱的养护成本,且避免拱上填料变形导致的桥面变形,在降低拱上自重的同时大大减少后期运营养护成本。

(3)采用轻集料混凝土对拱上实腹段进行回填,减轻实腹段自重;对台后进行回填,消除台后不均匀沉降,大幅提高行车的安全性和舒适性。

(4)根据拱桥的结构形式,合理划分拱上拆除施工段和拱下加固施工段。拆除施工由中间往两端对称推进,截面增大加固施工由两端往中间对称施工。根据进度计划,使用有限元分析软件对各工况进行受力分析模拟,确定各工况的施工安全后,严格根据模拟工况推进拆除和加固同步施工,大幅度减少工期,按时完成施工任务。

五、推广意义

根据拱桥偏心受压的受力特点,增大截面加固施工工艺是目前拱桥危旧桥加固工程中常用的加固措施。但现有的危旧拱桥大多建成年代较久远,故在考虑如何在提升主拱承载能力的同时减轻拱上结构自重是危旧拱桥加固的主要方向。将原腹拱改变为行车道板的措施能有效减小拱上自重,同时轻质混凝土的采用也降低了跨中实腹段自重荷载,对拱桥结构承载力有较好提升。台后回填不均匀沉降造成的质量问题在危旧桥加固工程中屡见不鲜,该问题难以进行返修,严重影响了往来车辆的安全性和舒适性,轻质混凝土回填能较大提升台后填料的刚度,提升台后路面行车舒适性。由于危旧桥加固工程的对象往往处于交通要道上,车流量大,工期要求严格,若工期过长将对周边居民的生活造成严重不便。该案例通过运用新材料、新工艺,解决了拱肋增大截面加固导致拱桥恒载较大、台后不均匀沉降以及工期紧张的问题,对今后该类型危旧桥加固工程有一定的参考意义,同时提供了解决该类问题的思路,具有较强的推广意义。

第二篇

施工工艺类

桥梁支座同步顶升更换工程

一、工程概况

桥梁能跨越各种障碍,在交通工程中的地位显著,是各种道路工程的关键节点。随着近几年普通国省级公路养护工作的开展,路况及桥梁服务水平有了显著的提升,现阶段已基本消除三类桥梁,桥梁的养护维修工作正在向着精细化迈进。桥梁支座作为桥梁结构中重要的传力装置,发挥着将桥梁上部结构承受的荷载和变形可靠地传递给桥梁下部结构的关键作用,直接关系到桥梁运行安全和服役寿命。但由于诸多因素的影响,桥梁支座会产生不同程度的病害,有的甚至危及桥梁整体安全。据 2021 年天津市 281 座国省道桥梁的检测报告显示,发生支座脱空现象的桥梁 205 座、剪切变形现象的桥梁 113 座、老化开裂现象的桥梁 98 座、串动现象的桥梁 75 座,支座病害较为突出。因此,对于支座病害的处治尤为重要,是提高桥梁养护水平、延长桥梁使用寿命的重要环节。

桥梁支座同步顶升更换工程由天津市公路事业发展服务中心组织实施,施工单位为天津市交通运输基础设施养护集团有限公司,设计单位为天津公路工程设计研究院有限公司。本项目于 2023 年 2 月交工验收。

二、实施内容

根据 2021 年天津市国省级公路桥梁的检测报告及现场调查情况,对 23 座(27 幅)桥梁的支座进行维修,其中更换支座 5352 个,涉及墩位 237 个,支座更换采用同步顶升更换工艺。这些桥梁的上部结构包含现浇箱梁、T 梁、板梁等多种结构形式,桥下涉及跨路、跨河、空间狭小等复杂情况。

1. 主要工作内容

工作流程为:选择拟更换支座→制定支座更换方案→顶升更换施工→顶升更换施工过程监控→支座更换效果评价。上述各步骤详述如下:

(1)确定拟更换支座的同时,综合考虑支座自身损伤、支座损伤对主梁受力影响和更换成本三方面因素,通过建立技术经济的综合优化模型,确定拟更换支座的点位。

(2)采用"一桥一策"的方法制定支座更换方案。以桥梁上部结构受力安全性为出发点,明确每座桥梁施工时的顶升顺序、限值和同步性等施工要求。同步顶升施工如图1所示。

(3)在顶升更换支座的施工过程中,严格按支座更换方案实施。支座更换采用PLC(可编程逻辑控制器)多点同步顶升系统,实现多点位、多墩位精准同步顶升。如板梁支座顶升空间不足,需采用超薄千斤顶,顶身高度3cm、量程1cm,经过循环往复的倒顶实现支座更换;连续箱梁部分墩位支座顶升更换时,需同步顶升相邻墩位,以保证梁体结构的受力安全,如图2所示。

图1 同步顶升施工　　　　图2 相邻墩位同步顶升

(4)为保证主梁横向和纵向的结构安全,采用三维激光扫描技术,以非接触式监测手段监测支座更换过程中顶升实施的同步性,保证主梁同步顶升量值的监测精度,有效减少施工干扰,加快施工进度。非接触式同步顶升监测如

图3所示。

(5)为确保支座更换后的受力均匀,采用图像识别技术检测支座各边的变形情况,对支座更换效果进行评价,并对不均匀的变形及时进行调整,确保更换后的支座能有效均匀支撑上部结构。

图3 非接触式同步顶升监测

2. 主要解决的问题

消除桥梁存在的支座脱空、老化开裂、剪切变形、串动、支座钢板锈蚀、垫石破损等病害。

三、实施效果评价

(1)对梁体同步顶升过程实施全程监测,监测结果显示顶升施工过程同步性较好,未对桥梁主体造成损伤。采用的PLC多点同步顶升系统在梁体顶升过程中同步性较好,同时也做到了特殊作业条件(如空间狭小、上部挑高较大)下的有效监测。多点位同步顶升更换支座现场如图4所示。

图4 多点位同步顶升更换支座

(2)在支座更换完成及后续定期跟踪时检查发现,支座未发生脱空、剪切变形、串动病害,梁体结构受力安全。说明支座同步顶升更换工艺实施可靠,相比于以往支座更换,支座能与梁体全部密贴,有效解决病害,尤其是对于有纵坡的桥梁。更换后的支座如图5所示。

图 5　支座更换完成

四、主要亮点和典型经验

（1）在更换支座的选择上，综合、合理考虑了支座自身损伤、支座损伤对主梁受力影响和更换成本等因素。通过建模分析，针对性地制定每座桥梁顶升更换支座的施工方案，"一桥一策"，确保施工过程的主梁结构受力安全。

（2）一次性集中解决了天津市既有老旧桥梁存在的支座脱空、老化开裂、剪切变形、串动、支座钢板锈蚀、垫石破损等常见病害问题。

（3）支座更换采用 PLC 多点同步顶升系统，实现多点位、多墩位同步顶升。采用 3D 激光扫描技术，以非接触式监测手段监测支座更换过程中顶升实施的同步性，对比传统布设传感器的监测手段，该技术操作灵活准确且与施工作业互不干扰，并能检测支座更换后不同支座受力的均匀性及支座更换效果。3D 激光扫描效果如图 6 所示。

（4）为消除桥梁纵坡导致的支座局部脱空病害，提前测量桥梁纵坡及挠度，并定制相应角度的楔形钢板和不同厚度的矩形钢板垫放于支座下方，以保证更换支座落梁后上下面全部密贴。支座局部脱空病害处治方式如图 7 所示。

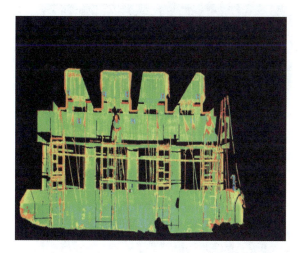
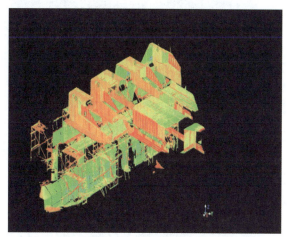

图 6　3D 扫描效果

a) 提前量测梁体挠度

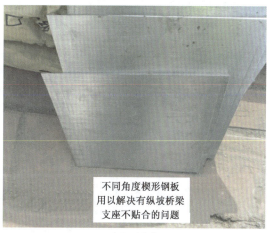

b) 支座不贴合

图 7　支座局部脱空病害处治

(5) 针对不同工况,制定适合的辅助措施,在不中断交通的情况下完成施工。辅助措施包括同步更换顶升同一墩位两排支座,一侧搭设支架,另一侧支设检测车,支架上下采用整体拼装马道;跨河桥梁采用水上平台+检测车的施工措施等组合。多种施工辅助措施如图 8 所示。

(6) 采用沙盘动态模型直观表达施工工艺,模拟施工过程中的各种工况,以便更好指导施工,如图 9 所示。

(7) 由天津市公路事业发展服务中心牵头,天津公路工程设计研究院有限公司、河北工业大学、天津市交通运输基础设施养护集团有限公司共同参与,依托本项目开展了"公路桥梁支座病害分析及更换关键技术研究"课题研究并形成了《公路桥梁支座更换技术指南》。

a)搭设支架辅助施工作业

b)搭设马道和支架

c)搭设水上平台

d)另一侧配合桥梁检测车辅助施工

图8　多种辅助措施

图9　沙盘动态模型

五、推广意义

通过本项目的有效实施,消除了桥梁存在的支座脱空、老化开裂、剪切变形、串动、支座钢板锈蚀、垫石破损等病害,为提升天津市公路养护工作的管理水平、养护技术等提供了有效助力,实现了桥梁养护维修工作的精细化管理。

江苏省 S258 线青云跨线桥支座更换工程

一、工程概况

青云跨线桥位于江苏省苏州市吴江区 S258 线上。桥梁中心桩号为 K42 + 012,全长 434.5m,全宽 26m,为双幅桥。桥跨布置为 (4×22 + 2×20 + 22 + 2×30 + 5×22 + 5×22)m,上部结构采用预应力空心板梁、装配式组合箱梁,支座采用普通板式橡胶支座、四氟滑板橡胶支座。在桥梁定期检查中发现右幅 9 号墩 7 号支座发生钢垫板窜动,支座失效,需对支座进行更换。

青云跨线桥支座更换工程由苏州市公路事业发展中心组织实施,施工单位为苏州三品交通建设工程有限公司,设计单位为中铁建苏州设计研究院有限公司。本项目于 2023 年 6 月交工验收。

青云跨线桥全景如图 1 所示。

图 1 青云跨线桥全景图

二、实施内容

本次改造为对青云跨线桥右幅 9 号墩 7 号支座采用自平衡反压式单支座更换技术进行支座更换。

1. 技术原理

旧支座拆除后,采用专门设计的反压装置将新支座从下往上反压至梁底,通过对反压力、梁底高程的双控,确保梁体只顶不升。支座经压缩后以平衡上部结构恒载或反压至设计目标值,后将反压装置浇筑在支座垫石内,和支座垫石共同作为永久性支撑,从而完成单个桥梁支座的更换。

2. 工作流程

1）病害成因及处理方法分析

根据拟更换病害支座的脱空程度,单支座更换施工可分为以下两种体系。

（1）主动脱空体系

适用于支座完全脱空或缺失的情况。在拆除支座垫石后,可直接安装顶升支撑装置,通过向上反压新支座以平衡支点处梁体恒载,完成支座更换。

（2）被动脱空体系

适用于支座尚未完全脱空的情况,支座尚处于部分持力状态。为确保支座更换前后梁底高程不发生变化,需在梁底支点附近预先设置千斤顶及临时支撑,对主梁进行临时支撑,拆除支座与垫石后,将被动脱空转化为主动脱空。该体系的后续施工工序与主动脱空体系基本一致。

2）施工方法

（1）墩（台）顶垃圾清理及约束释放

在主梁单支座更换施工之前,应先对桥梁墩（台）处的垃圾进行清理;对支座附近非正常情况的约束,应在施工之前进行释放。

（2）设置控制线

在梁底调平层及桥墩（台）调平层顶面设置控制线,用于控制新支座及支座反压装置就位,如图 2 所示。

图 2　设置控制线操作

（3）设置临时支撑

在拆除病害支座之前应先设置临时支撑,临时支撑位置宜布置在相邻板梁铰缝中心线位置。对于支点恒载吨位较大的情况,为确保结构安全,可同时设置千斤顶及临时支撑,通过千斤顶对梁底预先施加一定的反力(支点恒载反力 20%～30% 为宜),待千斤顶油压稳定后,锁定临时支撑,如图 3 所示。

（4）安装位移监控设备

在拟更换支座附近合适位置处安装百分表并调试,对支座更换整个施工过程中的主梁高程进行全程监控,如图 4 所示。

图 3　设置临时支撑　　　　　　　图 4　安装监控设备

（5）支座垫石凿除

位移监控设备安装调试结束后,凿除支座垫石。支座垫石凿除施工结束后,拆除病害支座,随即拆除支座上调平块,如图 5 所示。

 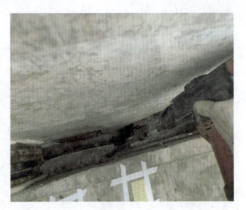

图 5　凿除支座垫石

(6) 调平处理

调平处理前应对墩台顶面及主梁底面进行凿毛或打磨处理,如图 6 所示。

图 6　支座垫石调平处理

(7) 新支座反压施工

墩台顶面及主梁底面调平工作完成后,待调平块养生至设计强度时,可进行新支座反压施工,步骤如下。

①支座反压装置安装:按照设置好的控制线,将支座反压装置安装就位,如图 7 所示。

②新支座安装:将新板式橡胶支座安放于反压装置顶面,应保证支座的轴线与墩台顶面控制线保持一致。新支座安装如图 8 所示。

③位移监控设备调试:对拟更换支座附近位置处安装的百分表再次进行调试,对支座更换施工过程中的主梁高程进行全程监控。

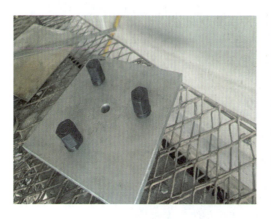 

图 7　支座反压装置安装

图 8　新支座安装

④设置刻度线:在拟更换支座下方及周边设置刻度线,对主梁高程进行备份校核。

⑤新支座预压:使用扭力扳手;选择合适的扭力对新支座进行预压(预压力不超过 10kN)。扭力施加过程应分批并保证均匀性,从而确保反压装置受力均匀。预压操作时应按一定角度逐一旋转反压装置四角外螺母,预压过程中应时刻观察支座与梁底的密贴情况。新支座预压如图 9 所示。

⑥支座反压力的施加:确认支座与梁底调平块地面完全密贴后,使用扭力扳手分批、持续、均匀地施加扭力以对拟更换的新板式橡胶支座加力压缩。施加扭力反压支座施工过程中严格采用双控措施,即对支座反力进行控制,通过扭力扳手设定的扭力值并参考技术支持方提供的扭力-反压力曲线来控制实际顶升反压力,反压力原则上不超过恒载 1.2 倍;此外,对主梁高程进行控制,即支座反压施工结束后主梁高程变化不超过 0.2mm。根据以上双控措

施,通过扭力、梁底高程等指标控制并观测新支座的反压过程及支座压缩情况,最终平衡或趋于平衡支点处梁体恒载反力。支座反压力施加操作如图10所示。

图9 新支座预压

图10 支座反压力施加操作

⑦浇筑支座垫石并养生。

⑧拆模检查。

三、实施效果评价

按照标定的反力曲线,新支座安装借助反压装置,从支座底面向上、主动施加反向压力,支座自下而上压缩。本次改造施工的关键之处在于跳过了传统支座更换过程中"支座反力由千斤顶向新支座转移"这一体系转换环节,使反力准确、可知、可控。同时,支座安装更为紧密,不易发生支座脱空等病害。

四、主要亮点和典型经验

1. 支座更换反力准确可控

单支座更换装置主动施加的反压力即为支座实际承载的反力,使反力准确、可知、可控。

2. 对主梁高程影响极小

新支座安装高程变化量不超过 0.2mm,位移对梁体的受力影响已显著降低。

3. 施工工期短、造价低且不影响车辆通行

单支座更换施工仅需对拟更换或者增设的单个支座进行施工操作,不需要针对整个墩台顶升施工,更不需要中断交通,其工程量远小于同步顶升技术方案。相较于同步顶升技术,本次改造施工方案的施工成本降低 60%～70%,施工周期缩短 40%～50%。

五、推广意义

1. 经济效益高

自平衡反压式单支座更换技术适用于墩台仅有少量病害支座更换的情况,有效解决了同步顶升技术施工成本高、施工工期长问题,具有较高的经济效益和社会效益。

2. 更换精度可控

采用支座反压施工工艺,新支座安装时的支座反力准确可控,解决了新支座受力及变形控制不足等缺点,同时对梁体的受力影响显著降低,更易达到新的受力平衡。

安徽省 S320 线濛洼大桥危旧桥梁改造工程

一、工程概况

濛洼大桥位于安徽省阜阳市 S320 线上,全长 1746m,桥面全宽 9.0m,桥跨布置 58×30m,上部结构为预应力混凝土预制组合箱梁。

濛洼大桥危旧桥梁改造工程由安徽省公路管理服务中心、阜阳市公路管理服务中心组织实施,施工单位为安徽省新路建设工程集团有限责任公司,设计单位为安徽宏泰交通工程设计研究院有限公司。本项目于 2023 年 4 月 26 日交工验收。

濛洼大桥改造前原貌如图 1、图 2 所示,改造后现状如图 3、图 4 所示。

图 1　濛洼大桥原貌(正面)

图 2　濛洼大桥原貌(侧面)

图 3　濛洼大桥现状(正面)

图 4　濛洼大桥现状(侧面)

二、实施内容

1. 养护需求分析

根据《2020 年度阜阳市普通干线公路桥梁定期检查评定项目（濛洼大桥）》报告，本桥存在桥面铺装损坏、上下部结构表面裂缝、混凝土破损、伸缩装置橡胶条缺失及伸缩装置破损现象，全桥各联均存在数量不等且较严重的支座老化、剪切、开裂、脱空等病害，桥梁耐久性低，安全性能不足。本桥评定为三类桥梁（76.8 分），其中桥梁支座被评定为四类构件（49.2 分）并且已超过了设计使用年限。濛洼大桥病害如图 5～图 10 所示。

图 5　支座剪切破损

图 6　支座移位脱空

图 7　梁板底纵向裂缝

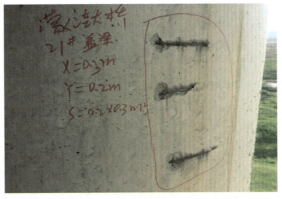

图 8　墩柱钢筋锈胀露筋

图9 护栏混凝土局部剥落

图10 护栏混凝土钢筋锈蚀

重点分析箱梁腹板、底板纵向裂缝的性质和产生的原因,最终判定,主要为桥梁建设过程中箱梁底板及腹板厚度不均、保护层厚度不足,运营阶段支座脱空致使箱梁受力畸变,导致箱梁逐渐产生了表面裂缝。因此,本桥的支座病害已经并将继续对梁体产生严重不利影响。同时,濛洼大桥跨越濛洼蓄洪区,位于阜南县城直接通往濛洼蓄洪区的唯一一条国省干线 S320 线上,不仅承担着沿线居民的日常交通出行任务,同时也是王家坝开闸蓄洪时的主要战备救援通道。对本桥进行改造,恢复其原有设计荷载,已迫在眉睫。基于本桥特点,最终决定采用"多点同步顶升及同步位移监测"方案进行加固。

2. 主要工作内容

(1)对桥梁支座存在的老化、剪切、开裂、脱空等病害,采用同步顶升整联上部结构、更换橡胶支座的方案,恢复桥梁整体受力体系。

(2)对梁体、盖梁、墩柱等构件局部破损及钢筋锈胀等病害,凿除表面松动混凝土并清理干净,将钢筋锈迹清除,干燥后喷涂渗透型阻锈剂,再用环氧砂浆修补。

(3)对梁体、盖梁及墩柱外露面,均涂抹渗透型阻锈剂;对护栏混凝土表面进行清理后涂刷水泥漆并对护栏钢管进行除锈刷漆处理,加强桥梁整体预防性养护,延长桥梁使用年限。

3. 施工要点

（1）优化施工组织，调整施工顺序。由于濛洼蓄洪区为淮河支流，上下游高差大，上游淮河流域降水情况直接影响濛洼蓄洪区水位。根据汛期调整施工计划和施工顺序，在汛期来临前尽可能快地先行施工跨河道段，既保证了施工作业安全，又避免搭设临时作业平台成本高、占用河道现象出现。濛洼大桥施工如图11、图12所示。

图11　汛期前采用登高车施工

图12　汛期采用桥梁检测车作为作业平台

（2）采用整联多点同步顶升系统，优化千斤顶布设体系。系统通过液压装置、监测传感器、计算机控制系统等，全自动完成同步竖向顶升，实现力和位移的控制，同步误差≤1mm。经测算分析，大桥单跨上部结构重力为4270kN，单跨桥面通行荷载为500kN，合计荷载约4770kN。为保证千斤顶受力均匀和顶升加载过程梁体的稳定性，千斤顶布设在梁端底板，每个箱梁端布设2台千斤顶，单跨共布设12台，每台千斤顶需承重约400kN。大桥每联5跨，整联共布设60台千斤顶。为保证安全，同时应对不可预见荷载，现场采用100t千斤顶，安全系数达2.5。另外，根据大桥盖梁顶至箱梁底高度普遍约10cm的现状，采用薄型千斤顶。濛洼大桥千斤顶布设如图13、图14所示。

（3）消除设备操作误差，加强位移传感监控。清理整平盖梁承压面，保证顶升作用力竖向垂直；统一顶升设备型号和规格，消除各设备间的额定工作误差；采用同一厂家的千斤顶、压力表及液压油管，液压油管为全新且单根长度一致,以保证液压泵加载时油阻一致。顶升过程中对梁体竖向、横向位移均进行实时信息化监测,便于系统动态地进行姿态比对并及时调整;采用裂缝检测仪对典型裂缝进行顶升监控,一旦发现裂缝有扩大发展现象立即停止顶升,以保护梁体,防止产生次生病害。濛洼大桥传感器安装如图15、图16所示。

图13　墩顶千斤顶布设

图14　整联千斤顶布设

图15　安装竖向位移传感器

图16　安装横向位移传感器

三、实施效果评价

濛洼大桥施工期间,采用整联多点同步顶升及同步位移监测,在分级加载顶升过程中,实现力和位移的双控,同步顶升误差控制很小,未对上部结构造成次生病害,并且为采取不完全封闭交通的施工方案提供了技术支持,在施工期间降低了对沿线居民正常交通出行的影响,保证了濛洼蓄洪区应急救援通道的畅通。维修加固前的桥梁总体技术状况评定为三类(64.79

分),维修加固后的桥梁总体技术状况评定为二类(87.31分),桥梁支座由四类构件变为一类构件,恢复了桥梁使用功能,提升了桥梁安全耐久水平。

四、主要亮点和典型经验

(1)优化施工顺序,完善交通组织。根据施工环境和气象条件,先行实施跨河道部分,发挥桥梁检测车作为施工平台的灵活性,降低了施工成本,保障了防汛河道的畅通。同步顶升期间不完全封闭交通的做法,最大限度地降低了对沿线居民交通出行的影响。阜阳市公路管理服务中心组织市、县两级公安交警部门、应急管理部门、乡镇政府及各参建单位多部门联动,项目法人统一组织、交警部门配合管控、属地政府加大宣传、施工单位具体实施,保证了交通组织方案的可操作性,为施工期间安全通行保驾护航。

(2)整联同步顶升,提高效率,降低风险。采用多台千斤顶对整联进行同步顶升,使桥梁单跨上部结构整体抬高,相较于传统的逐跨顶升,提高了顶升作业效率,规避了因顶升位移差异对跨间固结的破坏,降低了风险。

(3)多措并举消除误差,实时位移传感监控。通过打磨盖梁顶面,使千斤顶竖向垂直,保证顶升过程的稳定;采用同厂家、同规格、同型号的设备,消除设备间的额定工作误差,使顶升同步且更精确。顶升过程中同步进行竖、横双向位移监控,数据同步传输,配合油泵压力和数显千斤顶行程,使顶升过程中箱梁的位移姿态数据同步对比、相互印证,消除了因同步误差导致的不可预见次生病害,极大地提升了顶升的控制精度。

五、推广意义

整联同步顶升期间不完全封闭交通;在顶升时使整联同步提升,联间无固结，在能够实现桥面轻载通行的同时，又保证通行车辆荷载不对桥梁产生次生破坏。整联同步顶升和同步位移监测的做法实现了力和位移双控，精度控制高、顶升效果优越、施工效率高，解决了以往桥梁顶升过程中精度控制不足、引发次生病害等难题，为重要干线公路更换支座设施提供了优质的解决方案。

G355线南凌大桥加固改造工程

一、工程概况

南凌大桥位于G355线福建省漳州市芗城及高新两区交界处，为一座跨越九龙江西溪、连接芗城及高新两区的大桥。大桥中心桩号为K379+396，起点位于G319线交叉路口处，全长543m。2021年2月，检测单位对桥梁进行特殊检查时，发现主桥左幅第一联第二跨跨中出现较多U形、L形裂缝，裂缝最大深度达22cm，对结构安全存在较大威胁。

南凌大桥加固改造工程由漳州市公路事业发展中心直属分中心组织实施，施工单位和设计单位均为中交第二公路勘察设计研究院有限公司。本项目于2023年7月交工验收。

南凌大桥桥梁全景如图1所示。

图1 南凌大桥全景

二、实施内容

本项目主要实施内容包括左幅第一联箱梁预应力加固、箱梁底板粘贴碳纤维布加固、中央分隔带护栏改造、常规病害修复、结构耐久性涂装、施工监控与运营期健康监测等。

本工程主要是对箱梁进行加固,采用"长束+局部短束"新增预应力的方式对左幅第一联进行预应力加固,使加固产生的压应力抵消活载产生的拉应力(3.2MPa)。长束主要提高整体抗弯承载能力和整体竖向刚度;底板局部短束主要提高底板压应力储备,封闭裂缝,提高截面刚度。加固改造后在全桥增设健康监测系统。"长束+局部短束"新增预应力的施工现场如图2、图3所示。

图2 长束箱外全腹板增设预应力施工现场

图3 短束箱内体外预应力加固施工现场

三、实施效果评价

此次桥梁维修加固后,桥身稳固,桥梁承载力增强,进一步提升市区交通基础设施建设水平,完善市区路网建设,同时也大幅改善沿江居民往来通车条件和人居生活环境,加强漳州市芗城区对高新区的经济辐射作用,串联两岸产业,带动经济高质量快速发展。

四、主要亮点和典型经验

南凌大桥是漳州地区第一座应用运营监测系统的桥梁。除上述实施内容外,以下着重介绍运营监测系统的亮点及经验。

1. 主要亮点

南凌大桥的运营监测系统有机集成桥梁加固施工监控与运营期结构健康监测两阶段工作任务,分级建立桥梁全寿命期电子档案,目标服务于桥梁的信息化、专业化、数字化、标准化建管养,降低桥梁灾难性事故发生的概率,保证桥梁的建设和运营期结构安全。运营监测系统界面如图4~图7所示。

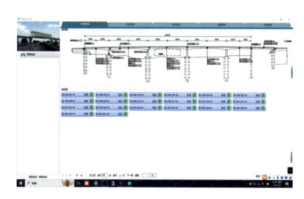

图4 桥梁数据分析服务系统

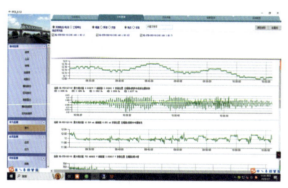

图5 多参数实时在线监测系统

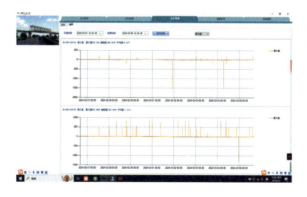

图6 桥梁数字化维护记录数据库

图7 智慧桥梁巡检养护系统(预警系统)

2. 典型经验

南凌大桥运营期养护监测系统实现了桥梁数据分析服务系统、多参数实时在线监测系统、智慧桥梁巡检养护系统、专家决策支持系统四大系统与桥梁数字化维护记录数据库的集成,能够将桥梁结构养护与监控文件、资料和参数等数字化并汇集在系统之中,以直观的形式呈现在管养人员面前。

(1)桥梁数据分析服务系统采用各种数据挖掘及机器学习算法,将桥梁管养过程中采集到的所有动、静态数据进行挖掘,将有用的信息呈现给管理人员,让桥梁"能说话、会说话"。

(2)多参数实时在线监测系统可有效避免人工读数和记录引起的人为误差,实现远程、恶劣天气条件下的数据采集及连续数据监控采集,按程序步骤监控限定阈值、变化速率,从而能在超出预定极限值时自动报警。

(3)智慧桥梁巡检养护系统利用先进的养护管理技术及相关软件对巡检、桥梁养护进行高效管理、记录及分析,对桥梁自动化监控系统所采集到的问题数据进行现场实地检查,由人工配合桥梁数据分析服务系统进行初步病害部位及损伤程度分析。

(4)桥梁专家决策支持系统将桥梁数据分析服务系统挖掘出的桥梁病害信息上报后台专家库,由相关团队组成桥梁专家团提供维、管、养一体化决策支持。专家结合桥梁健康指标和损伤情况,从科研、设计、施工、管养等方面提出桥梁维护保养策略,给出更专业、更全面的桥梁维管养方案。

(5)桥梁数字化维护记录数据库将管养过程中产生的所有动、静态数据以标准化格式存储在数据库中,并电子化归档、分类,方便桥梁管理人员对桥梁档案、管养资料随时进行高效、便捷的检索。各系统软件均接入漳州市公路事业发展中心健康监测网络。

五、推广意义

作为传统人工现场检测的技术补充,桥梁健康监测系统通过在桥梁结构关键部位安装传感设备,实现对桥梁运营环境、作用、结构响应和结构变化等四类运营安全相关关键参数的在线监测,桥梁管养人员可根据桥梁结构监测数据成果动态掌握桥梁运行状况、监控桥梁运营风险。例如当结构出现异常时，监测系统可以及时发现并报警，协助管养人员开展桥梁安全隐患排查。当桥梁遭受台风、地震、车船撞击时，通过监测数据反演计算可及时评估事件影响，为防范化解风险、应急响应提供支撑。随着海量监测数据积累，该系统还能通过构建结构数字化模型评估桥梁运行状态和服役水平，提出预防性养护建议。此外，通过监测系统获取的通行车辆数据，能有效协助治超工作的开展，及时发现超载车过桥的安全隐患。

G323 线东兰红水河大桥加固改造工程

一、工程概况

东兰红水河大桥位于 G323 线广西壮族自治区河池市东兰县境内,是一座 5 跨钢筋混凝土箱形拱桥,中心桩号为 K1325+012。桥梁跨越红水河,全长 458.1m,桥面宽度 9.5m,与路线交角为 90°,于 1991 年 3 月竣工。桥梁所处路段平面线为直线段,路基宽度为 8.5m。

桥梁上部结构为 5×80m 钢筋混凝土箱形拱(主桥)+5×5m 钢筋混凝土板(引桥)。箱形拱主拱圈长度 l 为 80m,拱轴系数 m 为 1.756,矢跨比为 1/6;拱上为三柱式立柱及拱上横墙,墩上为三柱式墩顶排柱,柱顶(墙顶)帽梁承托行车道板。

桥梁下部结构为浆砌片石重力式桥台,明挖扩大基础;混凝土实体墩桥,明挖扩大基础。

桥面采用水泥混凝土铺装,采用异型钢伸缩装置,两侧设置混凝土栅栏式护栏。桥面宽度组合为 1.25m(人行道)+7m(行车道)+1.25m(人行道)。

荷载等级为汽车—20 级,挂—100,人群荷载 $3.0 kN/m^2$。

近年来,由于重载交通大幅增长,东兰红水河大桥桥面铺装纵、横向裂缝较多;伸缩缝堵塞、混凝土保护带破损露筋;上部结构主拱圈钢板锈蚀、拼缝开裂,立柱破损露筋,桥面板底断裂;下部结构锥坡开裂,桥台台帽开裂渗水,桥墩有竖向裂缝及渗水污染。

2018 年,广西交通设计集团有限公司作为设计单位对本桥进行了加固改造设计。2019—2020 年,广西壮族自治区河池公路发展中心作为建设单位组织了对本桥的加固改造施工,施工单位为四川三足路桥工程有限公司。

本项目于 2021 年 1 月交工验收。

东兰红水河大桥加固前后全景如图 1、图 2 所示。

图 1　东兰红水河大桥加固前立面照　　　　图 2　东兰红水河大桥加固后立面照

二、实施内容

1. 加固改造实施内容

本次加固改造使荷载等级由原汽车—20 级、挂—100 提高至公路—Ⅱ级，人行道宽度由 1.25m 增加至 1.5m，桥面总宽度由 9.5m 调整为 10m。具体加固改造实施内容如下。

（1）主拱圈加固。

①主拱圈拱脚区段三小跨范围内的拱箱：采用绳锯将原拱箱间现浇混凝土切割清除后，缝内灌注无收缩自密实高强灌浆料，并设置拱圈法向预应力精轧螺纹钢筋。采用外包混凝土加固，加固混凝土内配置箍筋增加其整体性。拱背和拱腹采用空箱形，拱背混凝土厚度由 60cm 渐变至 50cm；拱腹混凝土厚度由 75cm 渐变至 20cm，侧面混凝土厚度 15cm。张拉拱圈法向预应力精轧螺纹钢筋后，在新浇拱腹混凝土表面粘贴预应力碳纤维板施加应力预防后期开裂。

②主拱圈拱脚区段三小跨范围以外的拱箱：采用在拱背增加 30cm 高的空箱形混凝土进行加固。

（2）主桥拱（墩）上立柱加固改造。

①拱上立柱脚段及墩上立柱采用外包混凝土增大截面法加固。

②拱上立柱除脚段之外的部分,采用灌注法粘贴钢板加固。

(3)拆除主(引)桥墩上盖梁、主桥拱上立柱(横墙)新建盖梁及主拱实腹段位置挑梁。挖除主拱实腹段填料,改拱顶实腹为空腹。

(4)将人行道板和行车道板更换为预制π形板,重做桥面铺装及人行道,新做人行道不锈钢护杆等。

(5)增设通航孔桥墩防撞系统。

2. 施工实施方案

东兰红水河大桥是东兰县特别是隘洞镇人民群众工作、生活出行的重要通道,当地政府特别重视桥梁改造施工期间的通行条件和封闭施工对群众生活的影响。基于此,本次加固改造采用分幅拆装的方案组织施工,即保留半幅人行道、桥面作为行人及施工通道。具体方案为:

(1)采用两台汽车式起重机自中跨跨中退行拆除半幅原人行道板、行车道板;拆装施工期间,各桥墩设置临时锚固张拉系统,采用分级张拉的方式在拆除和安装梁板的过程中分段、分级施加(释放)预应力,确保加载、卸载过程中的对称平衡。

(2)原拱上立柱为双立柱,盖梁拆除时,对先行新建半幅盖梁设置临时钢支撑,对分两部分先后浇筑完成的盖梁设预应力钢绞线进行张拉,以增强整体性;具体拆装仍采用两台起重机自中跨跨中退行拆除各盖梁的一半;浇筑新做半段盖梁;架设半幅预制π形板,恢复先拆除半幅的通行条件;拆装另外半幅。

3. 结合实际优化调整后施工方案

由于运输通道宽度受限,分幅拆装大大增加了施工难度及施工周期。为此,进场后,项目参与各方及时就桥梁加固改造施工的交通组织事宜向当地政府进行了汇报沟通,东兰县人民政府同意全封闭施工,要求延迟开工日期、优化方案缩短工期,尽可能减少因桥梁施工给当地人民群众工作生活带来的不便。

基于施工期间通行条件和施工工期要求的变化,在施工准备阶段,建设单位组织多方论证,调整了桥梁拆装加卸载施工方案。在原盖梁架设贝雷梁作为轨道承载结构,安设门式起重机,用门式起重机完成拆装加卸载过程的起吊和运输作业。施工实施具体方案如下:

(1)封闭交通后,采用起重机拆除主桥两侧人行道栏杆及人行道板,在人行道板位置架设贝雷梁。暂时保留行车道板,便于贝雷梁和门式起重机的安装。

(2)盖梁施工分为两个阶段,第一阶段施工偶数号盖梁,以奇数号(1号、3号、5号……)盖梁(挑梁)为支撑支点,贝雷梁跨过偶数号盖梁,待偶数号盖梁完成后转换贝雷梁支撑位置至偶数号盖梁。第二阶段再进行奇数号盖梁施工。

(3)通过架设贝雷梁、在贝雷梁上安设多台门式起重机(贝雷梁上固定起重机轨道,铺设施工通道、设置栏杆及防护)的方式,解决了加固改造工程中梁板拆装、材料运输等运输通道问题。

(4)利用门式起重机,按照跨内自拱脚至拱顶方向对称、全桥均衡的原则,拆除、吊运全桥主桥行车道板;采用绳锯在门式起重机配合下切割旧盖梁(挑梁)。

东兰红水河大桥加固改造施工如图3~图5所示。

图3 改造施工中的东兰红水河大桥

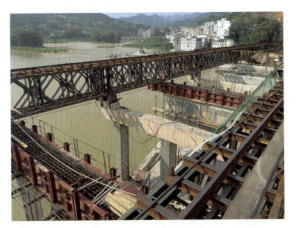

图4 盖梁改造施工

图 5　行车道板拆除完成后的新建盖梁施工

三、实施效果评价

基于现实条件变化优化调整拆装施工方案,减少了原方案桥墩设置的临时锚固张拉系统等高风险作业施工内容,实现了主桥跨内对称、全桥均衡加卸载。整个施工期间,主桥各项加固任务的施工包括主拱圈加固、立柱加固、行车道板的拆除与安装、湿接缝的施工等,均可按照跨内对称、全桥均衡的原则进行,保证加固是在最大卸载状态下完成,确保了拱圈外包混凝土的结构受力,同时也解决了桥梁拆除及安装过程中运输通道宽度受限的问题,大幅提高了施工效率。

本项目计划施工工期为 365 天(原计划 2019 年 11 月 21 日开工,2020 年 11 月 21 日完工),通过调整桥梁拆装顺序方案,桥梁实际封闭施工工期为 300 天(2020 年 3 月 11 日正式开工,2021 年 1 月 7 日完工),大幅缩短了工期。本项目在 2021 年春运前完成了全部施工任务,为东兰红水河大桥两岸群众过一个祥和幸福的春节提供便利交通条件。加固改造后的东兰红水河大桥全景如图 6 所示。

图 6　加固后的东兰红水河大桥新貌

四、主要亮点和典型经验

本项目积极推广新技术、新工艺应用,解决建设中的关键技术难题,重点体现在以下两个方面。

1. 基于施工条件的变化,主动优化调整拆装施工方案

东兰红水河大桥加固改造施工,主要集中在桥梁上部结构的改造,包括拱圈增大截面加固、拱脚增设预应力、盖梁拆除重建、立柱外包混凝土、更换整个桥面系等内容,施工内容复杂烦琐,建设规模较大,技术难度高。原设计文件在各桥墩设置临时锚固张拉系统,采用分级张拉的方式,在拆除和安装梁板的过程中分段、分级施加(释放)预应力,施工控制难度大、安全风险系数较高。本项目通过技术研究创新,参建各方主动同地方政府对接,提出架设贝雷梁、安设门式起重机的施工措施,主动优化调整桥梁拆装顺序,既能更好体现拱桥加固施工中对称、均衡的原则,又能完美规避桥梁拆除及安装过程中运输通道宽度受限的问题,大幅提高了施工效率。

2. 基于全时段监测技术的桥梁施工控制技术

东兰红水河大桥主桥为 5×80m 的钢筋混凝土箱形拱,属于多跨连拱,加

固过程中的加卸载施工涉及多次结构内力变化,有必要进行桥梁加固改造施工中的施工监控。结构内力调整过程相当于一次模型试验,为确保加固项目顺利开展、确保结构安全,监控单位开发实时监控系统,特别是在梁板拆除与安装、拱圈增大截面等关键节点,全天候实时对结构进行监测并获得大量数据。再基于全桥施工过程的有限元仿真分析模型模拟计算,深入研究分析桥梁结构监测数据的特征,准确把握结构所受荷载及结构挠度变化,并及时反馈指导施工,确保了整个施工过程的安全。

五、推广意义

项目提出的基于施工条件变化主动优化调整拆装施工方案、基于全时段监测技术的桥梁施工控制技术在本地成功实施运用,推广意义主要表现在以下几个方面。

1. 确保施工安全

(1)主动优化调整拆装施工方案可以消除原方案存在的安全风险,确保施工过程的安全。

(2)通过监测数据可以对施工风险进行有效控制,及时发现潜在的安全隐患,有效预防和处理施工过程的结构安全隐患,进一步保障施工现场人员和设备的安全。

2. 保障施工质量

主动优化调整拆装施工方案,满足"对称、均衡"原则,最大限度地对主拱圈进行卸载,确保外包混凝土能够参与受力;同时,还可提高施工过程的精细化管理水平,保证了加固改造施工的质量。

3. 提升施工效率

针对施工条件的变化,优化调整拆装施工方案可以减少不必要的等待和浪费,提高施工流水线的顺畅度,显著提升整体施工效率。

4.促进施工技术进步

项目采用基于施工条件变化主动优化调整拆装施工方案,对拱桥上部结构进行了综合加固改造,进一步完善了我国大跨度混凝土拱桥的加固施工方法,有力助推混凝土桥梁加固技术的升级和发展。

施工过程中采用基于全时段监测技术的桥梁施工控制技术,在大型桥梁加固改造特别是大跨径拱桥涉及加卸载等复杂施工内容时,能为桥梁施工过程安全保驾护航,也为后期桥梁管养积累了丰富数据,为桥梁的后续健康状态评估提供了很好的参考。通过对桥梁结构状态的数据进行分析和研究,可以为未来桥梁改造设计、建设和维护提供宝贵的数据支持。

5.提升社会效益

加固改造工程高质量、高效率的完成,为桥梁两岸居民提供了安全的交通通行条件,极大提升了社会效益和公众满意度。

G320 线花渔洞大桥改造工程

一、工程概况

花鱼洞大桥位于 G320 线贵州省清镇市境内,跨越红枫湖。桥梁全长 290m,跨径布置为 5×15m+150m+4×15m,主跨为 150m 预应力混凝土桁式组合拱桥。桥面净宽为 9.0m(行车道)+2×1.75m(人行道),总宽度为 12.5m,设计荷载等级为汽车—20 级,挂车—100,人群荷载为 3.5kN/m²。本桥于 2014 年经国家道路及桥梁质量监督检验中心检测评定为四类危桥,对其进行限载、限速。原花鱼洞大桥全景如图 1 所示。

图 1 原花鱼洞大桥

花鱼洞大桥所在的 G320 线贵黄段是连接贵州省中西部十分重要的干线公路,采取交通管制措施以来,给沿线人民群众和各行各业的生产生活带来了诸多不便,严重影响经济社会发展。为保证沿线的人民群众日常生活及企业生产需要,充分发挥花鱼洞大桥在经济社会建设中的重要作用,保障人民群众安全便捷出行,经充分论证后,决定对本桥进行拆除重建。

新建花鱼洞大桥全长 269.6m,大桥跨径布置为 2×20m 现浇混凝土箱梁+180m 中承式钢管混凝土拱桥+20m 现浇混凝土箱梁,桥面净宽不变,设计荷载等级采用公路—Ⅰ级。新建花鱼洞大桥全景如图 2 所示。

图 2　新建花鱼洞大桥

花鱼洞大桥改造工程由贵阳公路管理局组织实施,施工单位为贵州桥梁建设集团有限责任公司,设计单位为贵州省交通规划勘察设计研究院有限公司。本项目于 2021 年 9 月交工验收。

二、实施内容

桥位处是百万级人口饮用水源保护区及 5A 级风景区,严禁施工废水排放,严禁固体废弃物落入水体,空气、噪声、植被、水土保持等环保要求严格,项目建设的难点是旧桥拆除施工过程中如何减少对生态环保的负面影响。受限于桥位处生态敏感的严苛要求,旧桥拆除无法采用支架或爆破方案。此外,若采用倒装法拆除旧桥,结构体系转换和后续杆件逐段切除还会面临较大的结构安全风险及施工安全风险。

针对上述建设挑战,桥梁采用原址重建方案,最大限度避免了两岸接线工程对水源保护区和景区生态环境的破坏和干扰。综合对比梁桥、拱桥、斜拉桥和悬索桥方案,新桥重建方案采用主跨 180m 的中承式钢管混凝土拱桥,并首次提出"利用新拱拆旧桥"设计思路。桥位平面图和桥型布置图如图 3、图 4 所示。

新拱拆旧桥成套施工技术的具体做法是：将旧桥作为施工平台和运输通道，安装新桥拱肋，"包住"旧桥；沿新桥拱肋法向布置临时扣索，将旧桥整体扣挂在新建钢管拱肋上；解除桁式组合拱拱顶连接，将桁架拱体系转化为扣点支撑的悬臂结构；最后逐段切割杆件、倒装拆除旧桥。常规施工方法与本方法的施工方案对比见表1。

图3　桥位平面图

图4　桥型布置图

施工方案对比　　　　　　　　　　　　　　　　　　　　表1

步骤	常规先拆后建施工方法	新拱拆旧桥施工方法
1	将旧桥扣挂在扣塔之上	缆索吊装新桥拱肋

续上表

步骤	常规先拆后建施工方法	新拱拆旧桥施工方法
2	逐段切割旧桥构件，两侧对称拆除	将旧桥扣挂在新桥拱肋上
3	旧桥拆除完成，新桥拱肋吊装施工	逐段切割旧桥构件，两侧对称拆除
4	吊杆、桥面系施工完成	吊杆、桥面系施工完成

新拱拆旧桥施工流程如图 5～图 8 所示。

图 5　旧桥扣挂于新桥拱肋上

图 6　安装体系转换装置

图7 逐段切割旧桥

图8 旧桥拆除完成

三、实施效果评价

秉承生态建桥理念,将旧桥拆除和新桥重建有机结合,圆满完成了"景区零干扰、水源零污染、废料再利用、景观新地标"的重建目标,建成后的花鱼洞大桥社会和经济效益显著。

新花鱼洞大桥建成后,获得了第39届国际桥梁大会"古斯塔夫·林德撒尔"奖(Gustav Lindenthal Medal),成为国内首座获此奖项的普通国省道桥梁。"小桥大奖"凸显了本桥在技术含量、桥梁实用性、技术创新、美学价值、与周边环境的协调度及公众参与度等方面取得的杰出成就,标志着贵州省在山区桥梁"小而精"建设方面得到了世界认可,桥梁建设技术水平达到了全新的高度。花鱼洞大桥还获得了2022年"中国公路学会桥梁创新奖一等奖"和2022年"贵州省黄果树杯优质工程奖"。

四、主要亮点及典型经验

1. 生态建桥新路径

桥梁重建方案受限于5A级风景区及饮用水源保护区生态环保要求,同时考虑桥两岸接线及景观需求,秉承生态建桥理念,最终选择原址重建。提出"旧桥建新拱,新拱拆旧桥"的设计思路,新建桥梁采用主跨180m中承式钢管混凝土拱桥方案,将拱肋布置于原桥外侧,永临结合,利用新建拱肋将旧桥化整为零、倒装拆除,将绿色、节能、循环、低碳的生态建桥理念贯穿建设始终,绘就桥、山、湖交相辉映的生态画卷。

2. 旧桥建新拱,新拱拆旧桥

为保护生态环境、有效提高施工效率和安全性,在桥梁设计阶段,相关技术人员摒弃常规先拆后建的做法,首创新拱拆旧桥成套施工技术。该施工方法将临时扣索挂在新建拱肋上,扣挂系统刚度大幅度提升,法向布置的短扣索为旧桥提供更为有效、可靠的支撑,有效降低了旧桥在拆除过程中的结构安全风险,保障施工人员的作业安全。与常规先拆后建施工方法相比,减少临时用钢量1350t,缩短工期12个月,节省建造成本340万元。

此外,该施工方法将桥梁新建与旧桥拆除完美结合,安全、高效地完成了桥梁建设,有效满足饮用水源和景区的生态环保要求,是山区桥梁精心设计、精细施工的经典案例。

3. 体系转换工法及配套装置

倒装法拆除旧桥过程中,旧桥结构体系由拱式结构转换为悬臂结构。拱-梁体系转换伴随着巨大的冲击荷载及结构变形,结构及施工作业安全风险极高,是旧桥拆除的关键工序。相关技术人员提出了一种拱桥拆除的新型体系转换工法,即预加顶推力后切割拱顶、逐级释放拱顶轴力,平稳完成旧桥结构体系转换,并研发了配套装置。通过以上措施,使结构体系转换产生的冲击荷载和变形得以逐级缓步释放,确保了结构及施工安全性。施工体系转换装置如图9所示。

4. 绿色重建技术

本项目将旧桥构件拆除破碎后作为路基填料重新利用(图10),节约填料约3264m^3,减少碳排放1.5万t,实现旧桥混凝土100%循环再利用、旧桥251t钢材100%回收。设置集水挂篮集中收集废水,经酸碱中和沉淀、隔油除渣处理后,用于施工区域洒水,实现了水源零污染、景区零干扰、废料再利用,如图11所示。

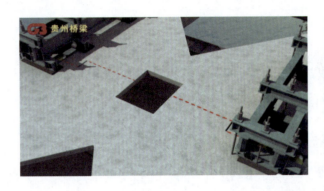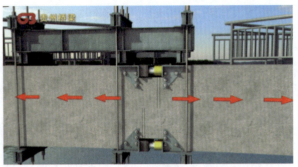

图9　施工体系转换装置

a)构件拆除后汽车运输至桥外　　　b)对拆除构件破碎处理　　　c)构件破碎后作为路基填料

图10　路基填料重新利用

a)拱顶废水收集吊篮　　　b)施工废水传送至沉淀池　　　c)废水隔油沉淀池

图11　废水集中收集和处理

五、推广意义

依托本项目,开展了"拱桥原桥位拆除重建综合解决方案"课题研究,发表国家专利 7 项、省部级工法 2 项、论文 5 篇,为处于环境敏感区的旧桥改造项目提供了成套技术解决方案。开创了"绿色拆旧建新"的生态建桥新路径,为以后同类型桥梁的建设提供了范例,积累了工程经验,为今后规范拱桥拆除提供支撑。

第三篇

组织管理类

潜江市公路桥梁消危行动项目"EPC+养护"

一、工程概况

湖北省潜江市公路桥梁消危行动"EPC（工程总承包）+养护"项目是湖北省公路桥梁三年消危行动重点打造的首个采用区域化长周期"EPC+M"新模式的示范项目。项目共涉及69座桥梁，其中拆除重建43座，加固改造旧桥26座，加固改造占比达38%，估算总投资12259.55万元。

本项目由潜江市交通运输局组织招标并签订总体合同，根据桥梁所处线路行政等级，由潜江市公路管理局、潜江市农村公路管理局分别签订实施合同。施工单位为中交特种工程有限公司，设计单位为中交基础设施养护集团有限公司。本项目于2020年12月2日举行开工仪式，正式进入实施阶段。2021年10月现场施工任务全部完成，实现了全市公路危桥"一年销号清零"的预期目标，在湖北省桥梁三年消危行动中，潜江市率先实现危旧桥清零并顺利转入长效化智慧管养阶段。项目集中开工仪式如图1所示。

图1　项目举行集中开工仪式

二、实施内容

潜江市政府出台《潜江市公路桥梁消危行动实施方案》,围绕技术、建设、管理三大领域,集中选取了建立桥梁电子档案、制定"一桥一图、一桥一策"以及开展标准化、装配化结构设计、人才培育等试点任务,创新采用"EPC+养护"新模式,将区域范围内的公路危旧桥梁整体打包。将工程设计、施工和5年养护工作进行统一招标,建设期和养护期的全部施工任务"打捆"交由项目总承包人负责,全面落实"七化"要求,推动实现"五统一",为湖北省公路桥梁三年消危行动的顺利实施提供了潜江经验。

三、实施效果评价

本项目积极响应《湖北省公路桥梁三年消危行动方案》要求的规范化检测、系统化分析、标准化设计、工厂化预制、装配化施工、专业化实施、信息化管理"七化"工作措施,探索创新了"EPC+5年养护"建设模式,重点围绕信息化养护以及"以专业带行业、促进人才培育"等方向,补齐桥梁养护短板,助力公路桥梁品质提升。为严格落实项目实施方针,确保实施效果,本项目开设桥梁养护工程师培训班,如图2所示。项目实施后,沿线群众的出行安全性、便捷性和舒适性明显提升,有效降低各行业在发展过程中的实际运输成本,助推当地企业扩大生产规模,促进社会经济水平不断提升。安全、高效、便捷的公路网也促进了周边区域的文旅、休闲、娱乐产业获得全新发展动力,不仅有效服务城市发展内部需求,更能带动沿线群众就业增收,实现高质量发展和高水平安全的良性互通。

图2 开设桥梁养护工程师培训班

四、主要亮点和典型经验

1. 政府主导，科学谋划，高标准加强顶层设计

（1）高度重视，高位推动。湖北省政府始终把交通运输工作放在重要位置，深度谋划部署，潜江市委、市政府主要领导先后多次专题调研交通运输工作，明确提出将公路桥梁消危行动列为年度重点民生项目，力争实现全市公路危桥一年清零。同时，成立由市长挂帅的公路桥梁消危行动领导小组，由分管副市长牵头定期召开协调督办会，强力推进项目实施。省、市政府发布的公路桥梁三年消危行动方案文件如图3所示。

图3　政府发布公路桥梁消危行动实施方案文件

（2）精心谋划，做优方案。先后多次组织召开专题会议，广泛征求相关部门、地方和专家意见，按照"科学、集约、优质、高效"的原则，研究制定《潜江市公路桥梁消危行动实施方案》。特别是围绕技术、建设、管理三类领域，集中选取多项试点任务，拓展深化三年消危行动成效。

（3）创新模式，落实资金。坚持"统一捆绑、统一招标、统一设计、统一推进"，采取EPC建设模式，对全市所有公路危桥整体打包，将公路桥梁改造工程设计、施工和5年养护进行统一招标，有效缓解了地方财政配套压力。同时，按照不低于项目总预算的30%落实地方配套资金。

2. 效益引领，优化程序，高效率做好项目前期

（1）摸清底数，精准建库。委托桥梁检测单位集中力量对全市436座普通公路桥梁进行全覆盖检测，邀请危桥专家现场踏勘、咨询评审（图4），强化项目校对、审核，严把危桥项目入库关。按照"能利用的不拆除，能修复的不重建"原则，对每个项目拟定不少于2种改造方案进行深度比选。

图4　专家现场复核危桥入库

（2）科学设计，分类施策。综合考虑改造费用、效果及桥梁寿命等因素，实行科学化、精细化、精准化、标准化设计，确保危桥改造社会效益、经济效益、民生效益最大化。对入库桥梁初步改造方案和施工图设计文件，组织专家进行专项评审（图5）并实行双院制审查，施工图预算由市财评中心进行评审后作为合同金额依据；对情况复杂的特殊桥梁，单独进行两阶段设计，确保设计方案科学合理。

（3）部门联动，加强协作。建立发展改革、财政、水利、自然资源和规划等部门联动协作机制，实现部门联动、各负其责、协调一致，做到项目前期程序审批专人负责、集中办公、跟踪服务，大幅缩短工程项目审批周期。潜江市公路桥梁消危行动项目"EPC＋养护"从《潜江市公路桥梁消危行动实施方案》出台到完成招标仅用时45天。

图 5　组织业内专家开展施工图设计审查

3. 创新举措，精准调度，高质量推进项目实施

（1）强化组织协调。成立由政府部门和参建单位组成的两套行动工作专班，定期召开协调督办会，实时做好协调保障，强力推进项目实施。优化施工组织时序，抢抓冬季枯水黄金施工期，在冬季全面完成重建桥梁水下工程。协调配合总承包企业，选择潜江本地企业合作，避免梁场等重复建设的同时，通过总承包企业的管理有效保障了预制梁板质量，节省了工程投资。预制梁场标准化建设如图 6 所示。

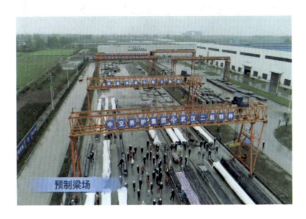 

图 6　预制梁场标准化建设

（2）强化信息化管控。坚持用信息化手段管控进度、质量、安全、养护，为公路桥梁施工、养护管理赋能助力。推行施工过程可视化，项目部设立视频监控中心，所有施工工序实现全过程、全角度监控，确保施工质量、安全可控。推行梁板信息电子化，在工厂化预制的梁板中安装芯片，记录预制过程中原材料使用、主要工序操作情况。项目信息化管理如图 7 所示。

图 7　项目信息化管理

(3) 强化质量监管。建立"政府监督、业主管理、社会监理、企业负责"的四级质量监管体系,定期巡查巡检,形成巡查专报。全面落实工程质量责任制,严格控制原材料质量,坚持用数据指导施工,规范施工过程管理,加强隐蔽工程监管,着力打造经得起历史和人民检验的品质桥、民心桥、放心桥。施工实体质量抽检如图 8 所示。

图 8　施工实体质量抽检

五、推广意义

1. 有效破解资金难题

(1) 降低项目投资。采取 EPC 模式限定项目总投资,以规范化检测结果为依据,落实危旧桥梁改造"能利用的不拆除,能修复的不重建"原则,从根本上降低和控制项目总投资。

(2) 缓解支付压力。将公路危旧桥梁改造工程设计、施工和 5 年养护进行统一招标,项目完工后支付一定比例费用。严格养护绩效考核后,余款以养护经费形式由市级财政分年支付,有效缓解了地方财政配套压力。

(3)拓展融资渠道。引进中央企业、国有企业等入场,发挥其供应链优势。同时发挥财政资金引导作用,吸引社会资本投入。围绕乡村振兴,统筹交通、水利、国土等涉农资金用于农村公路危旧桥梁改造养护。

2. 大幅提高工作效率

(1)提高审批效率。"打捆"招标,简化招投标程序,缩短项目周期,降低交易成本。同时,项目合同管理简单,责任明确,减少合同争议和风险。

(2)加快建设进度。同步开展施工图设计和施工准备工作,通过设计、采购、施工及养护等各阶段工作的合理衔接,实现项目施工进度和投资成本的有效管控。

3. 全力打造精品桥梁

(1)实现质量可溯。通过建设高规格标准化预制梁场,开展混凝土集中拌和、钢筋集中加工、钢筋混凝土与钢构件集中预制,以区域为单位,实现整个项目建设集约化、生产标准化。运用信息化手段,对所有施工工序进行全过程、全角度监控,确保施工质量、安全可控。

(2)聚焦长效养护。将施工方案和养护计划相结合,在预制梁体嵌入芯片、提前布设移动互联网、卫星定位、地理信息系统等技术,建成危旧桥梁信息化平台,随时掌握桥梁运行状况及病害情况,实现对桥梁全方位信息化监测、数字化控制、智能化管理。

G207线泗里河桥危旧桥改造工程

一、工程概况

泗里河桥位于G207线湖南省益阳市桃江县马迹塘镇泗里河村,跨越沂溪河,是连接桃江县与安化县的重要交通纽带。原泗里河桥为圬工板拱桥,因建成年代久远,桥梁技术状况差,严重影响人民群众出行安全。本着"人民至上,生命至上"的原则,对泗里河桥及时进行拆除重建。

泗里河桥危旧桥改造工程由益阳市公路建设养护中心组织实施,施工单位为湖南省益阳公路桥梁建设有限责任公司,设计单位为益阳市交通规划勘测设计院有限公司。本项目于2022年9月交工验收。

泗里河桥改造前后全景如图1、图2所示。

图1 泗里河桥旧照

图2 泗里河桥现状

二、实施内容

本次改造工程遵循"安全、有效、经济、实用"的原则。改造后的泗里河桥采用 3×30.5m 预应力混凝土 T 梁,全长 98.58m,桥宽 13.0m,组合为 2m(人行道)+9m(车行道)+2m(人行道)。上部结构单跨采用 6 片 T 梁,下部结构 0 号、3 号桥台采用桩柱式桥台,桥墩采用双柱式桥墩,墩身直径 150cm,基础均为摩擦桩基础,桩基直径 160cm。桥位平面位于直线上,纵坡为 0.5%,桥梁轴线法线方向与河流交角为 0°。为保证沂溪河行洪通畅,对桥梁桥台两侧河道岸坡进行护砌处理,采用浆砌片石护坡。

三、实施效果评价

1. 提高安全通行能力

泗里河桥的拆除重建实施极大地改善了 G207 线的车辆通行能力及抗洪能力。桥梁两边设置防撞墙可最大限度地消除安全隐患、杜绝桥梁安全事故发生。

2. 改善沿线出行环境

泗里河桥拆除重建工程完成后,加大了桥梁通行能力,对改善 G207 线和沿线的交通条件发挥了重要的作用。原桥是石拱桥,路面宽度较窄且无防护栏,经常出现事故。桥梁实施改造后,符合生态环境要求,降低交通事故发生率,提高公路桥梁安全通行能力,改善通行条件,提高群众满意度。

3. 促进当地经济发展

泗里河桥的拆除重建实施极大地改善了桃江县当地交通状况和国省道路的通行能力,对促进当地经济发展、调整产业结构、加快沿线及周边地区脱贫致富和新农村建设具有重大意义。

四、主要亮点和典型经验

1. 坚持因地制宜，科学制定吊装方案

该工程项目处于 G207 线交通主干道上，人流量和车流量巨大，T 梁长距离运输和安装施工会对正常交通产生一定影响，给交通和人流疏散带来压力。同时，考虑征地拆迁、杆线迁移和河床地质条件，T 梁采取吊装方式安装，通过严格计算，科学合理地制定了吊装方案。T 梁运输及吊装如图 3 所示。

图 3　T 梁运输及吊装

2. 坚持安全为要，实现人车分离

坚持以群众需求和问题为导向，在桥梁人行道设置防撞钢护栏以全面提高通行安全性和人车分离方便程度，并加强联动协作，逐步改善道路交通环境。新桥钢护栏人行道如图 4 所示。

3. 坚持质量为重，争创示范工程

经过多方检测，泗里河桥混凝土强度合格率 100%，桥面铺装平整度合格率 90%，桥面构造深度合格率 100%。本项目已申报省级示范工程。改造后新桥如图 5 所示。

图 4　泗里河桥钢护栏人行道

图 5　泗里河桥改造后

五、推广意义

本项目施工环境复杂,难度系数较大,设计、施工方案经过多方比较,反复比选;项目具有施工简洁、技术先进、性价比高、节能环保、安全可靠等特点,为以后国省道危旧桥提升改造提供了重要参考借鉴。

广东省 S271 线江门潮连大桥加固工程

一、工程概况

江门潮连大桥位于广东省 S271 线上，横跨西江，西连江门市区，东接潮连岛，是连接江门市与潮连岛的主要干道，于 1996 年 4 月建成通车。潮连大桥全长 1509.30m，跨径组合为 26×16m PC 空心板 + 3×20m RC T 梁 + 3×30m PC T 梁 + (51+2×100+51)m PC 连续刚构 + 5×30m PC T 梁 + 30×16m PC 空心板。2019 年评定为四类桥梁，2022 年管养单位开展加固工程。

江门潮连大桥加固工程由江门市公路事务中心组织实施，施工单位为北京城建远东建设投资集团有限公司，设计单位为北京特希达交通勘察设计院有限公司。本项目于 2023 年 7 月交工验收，较原定的 10 个月工期提前了 3 个月通车。潮连大桥改造前后全景如图 1、图 2 所示。

图 1　改造前桥梁全景

图 2　改造后桥梁全景

二、实施内容

1. 增效提质保安全

采用的措施如下：

(1)对主桥箱内粘贴碳纤维板和钢板；注胶灌注封闭混凝土裂缝，喷涂防腐油漆。

(2)对30m引桥T梁横隔板、20m引桥T梁端部粘贴钢板；对20m引桥张拉预应力碳纤维板及粘贴碳纤维板。

(3)对盖梁粘贴钢板；拆除重做防撞护墙并增设橡胶防撞护舷；注胶封闭全桥混凝土裂缝，喷涂防腐油漆。

(4)拆除重做桥面系，新增金属梁柱式栏杆，更换人行道栏杆。潮连大桥改造前后的桥面照片如图3、图4所示。

图3　改造前桥面

图4　改造后桥面

2. 多措并举促管理

本项目在维修桥梁病害的同时，统筹各政府部门联动协作，兼顾群众出行需求，通过科学决策及宣传引导，切实提高群众出行保障，解群众所忧，缓解社会舆论压力。

三、实施效果评价

本桥改造工程提前实现通车目标，并对桥梁结构病害完成系统性加固处

理,恢复结构使用功能,获得了以下效果:

(1)修复桥梁结构裂缝,加强结构的横向联系,改善结构整体受力。

(2)重新铺筑桥面,并更换车行道护栏及人行道等附属设施,提升行车舒适性及安全性。

(3)按照交通运输部统一部署,完成被动防撞设施布设,增强桥梁的抗撞性能。

(4)完成桥梁亮化工程,为夜间行车提供充足照明的同时助力城市品质提升,带动区域经济发展。

四、主要亮点和典型经验

1. 让党旗高高飘扬在项目管理"第一线"

桥梁管养单位扎实开展"项目党旗红"支部创建活动,采取"党建引领+项目攻坚"模式,以"支部建在项目上、党旗飘在工地上"为工作方法,在项目设立临时党支部,把来自不同单位的党员"拧成一股绳",打造围绕工程、服务工程、聚力工程的坚强堡垒。在临时党支部的调动下,项目开展了"百日冲刺"活动,各参建单位积极响应,切实将党员的先锋作用转化为担当作为、攻坚克难的动力,最终桥梁提前恢复通车,实现了"保安全、保节点、保质量"和"零污染、零事故、零伤亡"的目标。临时党支部召开党员大会如图5所示。

图5 临时党支部召开党员大会

2. 让责任分工落实在联动机制"每一刻"

通过制定项目总体工作方案,明确各部门职责。桥梁管养单位负责项目的安全、质量、进度管理及应急演练工作;地方政府牵头实施管理及维稳工作;交通运输主管部门负责监督项目质量安全以及指导公交班线调整;公安部门牵头开展项目现场及周边交通疏导;应急管理等部门牵头开展涉高空、涉水及狭窄空间作业等应急管理工作;生态环境部门牵头督导项目水源保护管理工作;海事、航道部门负责涉水施工期间通航管理工作;教育部门及潮连岛各高校协同做好桥梁封闭期间对师生的宣传解释工作。管养单位每周均以简报形式向市政府及各单位通报项目进度及协调事项情况,通过高效联动、密切配合、协同推进,为潮连大桥加固工程建设创造了良好的工作氛围和施工条件。施工期间召开的公共交通班线协调会如图6所示。

图6 施工期间公共交通班线协调会

3. 让数据决策延展到桥梁通行"最前沿"

潮连大桥是连通潮连岛与市区的重要通道,机动车交通量约5万车次/日,骑行交通量约1.5万人次/日,公交出行人数约8千人次/日。为减少桥梁封闭施工期间对市民生活的影响,在桥梁加固前开展了项目交通组织专题研究,通过分析手机信令、交通卡口、公交客流量等数据,结合市民出行问卷调查,对施工期间交通流量进行预测分析并科学决策。在桥面封闭施工期间,通过交通引导和导航软件指引机动车绕行高速公路,并预留非机动车通道保障骑行需求;采取调整公交线路、增设专线和优惠票价等措施,保障市民公交出行需求。

4. 让信息传递遍布市民日常"全领域"

(1) 多样宣传保民心。一是在项目实施前召开项目新闻发布会,由地方政府及公安、交通等部门介绍项目基本情况、交通保障措施等,回答市民关心的热点问题,提升群众对该项目的知晓度、支持度。二是通过江门日报、江门广播电视台等传统媒体以及微信公众号、"学习强国"等新媒体将项目实施进展情况、交通绕行、公交班线调整及安全注意事项等信息及时传递给社会群众,并积极回应公众关注问题,为项目实施提供社会稳定保障,如图7、图8所示。

图7 新闻发布会现场

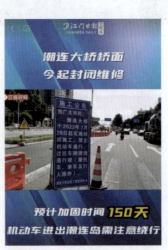

图8 微信公众号及视频号宣传

（2）专项宣传保安全。潮连大桥周边院校密集，学生人数较多，容易发生误入工地危险事件。桥梁管养单位通过编制专项校园项目宣传文件，向师生介绍了项目概况、交通管制措施、出行保障措施等，给学校师生敲响了安全警钟。走访潮连岛院校宣传如图9所示。

图9　走访潮连岛院校

（3）及时回应消疑虑。针对市民及学生担心潮连大桥封闭后绕行时间较长以及可能出现交通拥堵等问题，桥梁管养单位迅速反应，一是联系江门日报等主流媒体解答市民困惑；二是加强与地方政府联动，主动上门向岛内院校厂企宣传绕行路线及交通保障措施。

五、推广意义

城市重点区域桥梁是人民群众日常出行的主要通道，维修加固会对周边市民的生产生活造成较大影响，传统的项目实施管理模式难以满足城区公路桥梁维修需求。本项目在维修桥梁病害的同时，统筹各政府部门联动协作，兼顾群众出行需求，通过科学决策及宣传引导，切实提供群众出行保障，解群众所忧，并为同类项目提供可供参考的管理经验，具有推广意义。

第四篇

综合类

G330 线太平湖大桥危旧桥梁改造工程

一、工程概况

太平湖大桥位于 G330 线安徽省黄山市境内,为单索面独塔钢筋混凝土斜拉桥,建于 1996 年。桥梁全长 384m,桥面全宽 18.2m,桥跨布置为 190m+190m,全桥设 27 对单面斜拉索,采用塔梁墩固结体系。太平湖大桥全景如图 1 所示。

图 1　太平湖大桥全景

太平湖大桥危旧桥梁改造工程由安徽省公路管理服务中心、黄山市公路管理服务中心组织实施,检测设计科研单位为中路高科交通检测检验认证有限公司、上海林同炎李国豪土建工程咨询有限公司联合体,实施单位为中交特种工程有限公司、中交公路规划设计院有限公司联合体。本项目于 2023 年 7 月完工。

二、实施内容

项目经过养护需求分析、特殊检查、试换索研究、设计、施工等工作步骤，历经项目规划、储备、审核、建议多个项目库阶段，最终确定维修加固工程主要包括斜拉索防护、拉索减振护罩更换、伸缩装置更换、桥台加固换填处理、变形防撞护栏更换等内容。此外，还开展了增设自浮式CRF（钢覆复合材料）防撞设施和升级改造既有结构健康监测系统等工作。

1. 养护需求分析

历年桥梁定期检查报告发现，太平湖大桥2012—2021年桥梁技术状况逐年下降，总体技术状况由二类桥（82.8分）降至接近四类桥（64.1分），上部结构由三类（75.4分）降至四类（58.6分）。本桥主要病害为上部结构斜拉索防护及减振设施缺损、局部梁体开裂、桥面系伸缩装置破损挤出、下部结构桥台开裂等。另外，桥梁所处航道为高等级航道且缺乏防船撞设施，多年前实施的结构健康监测系统及传感器损坏，亟待升级。因此，本桥在全省公路危旧桥梁改造台账中分类同属技术状况较差桥梁和船舶碰撞桥梁隐患治理三年治理台账桥梁，同时也被交通运输部列入实施结构健康监测系统桥梁清单。养护需求分析结论是，急需从规划项目库中提出，综合开展危旧桥梁改造工程科学决策和前期工作。

本桥危旧桥梁改造工程实施的难点主要为是否更换斜拉索。经对同期天津永河大桥等全国22座斜拉桥拉索换索工程调研，拉索使用年限介于6~24年，平均使用年限15年，远低于现行《公路工程技术标准》（JTG B01）规定的20年使用年限；此外，本桥已运营多年，为超龄服役斜拉桥，斜拉索技术状况较差。因此，即使本桥地处皖南山区二（a）类别较好环境和中等交通量国道上，仍有必要对本桥开展特殊检查和试换索研究，评估斜拉索的锈蚀状况、疲劳状况、剩余使用寿命等，并为省内铜陵长江大桥等几座同时代不同运营环境的斜拉桥养护工程实施提供借鉴。

2. 桥梁特殊检查

在已有定期检查的基础上,开展拉索、混凝土、水下基础等专项检查,重点对拉索索力的历年变化情况、上下锚头的锈蚀状况、主墩基础的冲刷情况、塔梁混凝土裂缝和破损的发展和劣化状况进行详细检查。拉索索力检查如图2所示,水下基础检查如图3所示。

图2　拉索索力检查　　　　　　　图3　水下基础检查

3. 试换索研究

根据桥梁检测和结构计算结果,试换 N5 和 S5 两根拉索。换索期间进行施工监控和荷载试验,对换下的旧索开展锈蚀、疲劳、力学等试验,进行拉索继续使用年限等研究,其中通车条件下换索的交通组织是实施难点。试换索工艺流程如图4所示。

4. 设计

本桥采用了动态设计,包括维修加固、结构健康监测、墩台防船撞等设计内容。首先对已有病害处治及试换索进行专项设计,然后根据旧索科研成果完善了全桥不换索设计方案,并根据桥台施工时发现的新增病害情况动态调整优化伸缩装置及桥台处治设计方案。墩台防船撞设计依据安徽省公路养护技术指引《普通国省干线公路船舶碰撞桥梁隐患治理工程总体设计及典型方案图册》,并结合湖区航运实际情况开展。桥梁健康监测系统设计针对既有系统监测存在的问题,依据交通运输部《公路长大桥梁结构健康监测系统建设技术指南》,与附近的 G3 高速公路太平湖大桥相关监测设施共享联动。

图 4　试换索工艺流程

5. 施工

维修加固施工包括全桥裂缝、破损缺陷等常规病害处治、桥台台背及台身病害处治、全桥混凝土预防性养护涂装、拉索护套修复、增设 PVF(聚乙烯醇缩甲醛)缠包及抗火保护、斜拉索减振圈更换及防水处治、桥头两侧道路铣刨罩面、伸缩装置更换等。此外,进行桥梁防船撞治理,主要是在中央墩增设 CRF 防撞设施。安装桥梁健康监测系统,包括温湿度、车辆荷载、风荷载、主力挠度、塔顶偏位、结构应变、振动、裂缝、伸缩缝、梁端转角等监测点布设。维修加固施工如图 5 ~ 图 10 所示。

图 5　塔柱缺陷修补

图 6　2 号桥台背墙混凝土浇筑

图 7　耐火隔热带缠包

图 8　玄武岩纤维布缠包

图 9　中央墩增设 CRF 防撞设施

图 10　健康监测仪器安装

三、实施效果评价

（1）维修加固实施前，原桥存在拉索破损、伸缩装置破损、桥台严重开裂、阻尼器装置损坏等病害，桥梁总体技术状况较差。维修加固后，桥梁总体技术状况评定为二类（91.25 分）且无三类构件，技术状况较好，再加上桥梁结构健康监测、墩台防船撞等工程实施全面提升了大桥安全防护水平。

（2）在维修加固过程中，发现桥台背墙长期受微量碰撞挤压，出现了五类构件。通过对其维修加固处治，弥补了原桥设计主梁伸缩量不足的短板，解决长期存在的伸缩装置挤出破损养护难题；通过对本桥塔顶钟摆式阻尼装置的修复改造，恢复提升了本桥的抗震能力和抗灾韧性；全桥预防性养护涂装既能有效封闭裂缝又克服了钢筋保护层厚度不均匀的难题。以上综合施策全面提升了大桥的耐久水平，为百年太平湖大桥奠定了基础。

（3）本桥通过对试更换拉索的检测及研究，为斜拉桥超龄服役拉索的评估和使用提供了经验和做法，研究成果为日后其他斜拉桥超龄服役拉索的管养提供理论基础和实践经验借鉴，为国内外其他超龄服役斜拉桥的养护维修提供典型经验借鉴。

四、主要亮点和典型经验

1. 科学决策超龄服役斜拉索更换年限

根据本工程经验，拉索使用年限超过设计使用寿命，可通过试更换典型拉索来评估桥梁结构的安全性。如果经试更换评估后可继续使用，且技术状况良好，不仅可保障结构的安全，更节约社会成本。安徽省公路管理服务中心组织交通运输部公路科学研究院和黄山中心，结合本工程及淮南凤台淮河大桥等几座同类型桥梁的经验，正在抓紧开展安徽省重点科研项目"超龄服役斜拉索安全评估研究"，并准备编制出台团体标准《服役期斜拉索性能评价与维修更换技术规程》。

2. 检测科研设计全过程系统结合的新模式

本工程的科学决策和组织实施采用了新模式，充分发挥省、市、县三级资金协同、审核协同和实施协同的优势，在安徽省内首次明确由原设计单位优先承担危旧桥梁改造工程设计，首次明确由检测、科研和设计联合体单位一揽子承担桥梁加固改造、船舶防撞治理和结构健康监测设计等,减少了环节、节省了时间和费用,为工程动态设计奠定了基础。

根据检测和科研的成果判断是否开展全桥换索设计,根据桥台实际施工情况确定桥台维修处治设计方案以及检测、科研与设计结合的维修加固方案,能够更高效准确地判断病害的成因,采取更具针对性的设计实施方案,对工程的高效展开、有效维修加固和经济效益提升都有较好的助力,并具有一定的可推广性。

3.科技创新提升危旧桥梁改造实施水平

本工程检测阶段采用缆索机器人、雷达索力测试系统、无人机倾斜摄影、微波测振等先进技术对拉索及索塔结构病害进行检测;科研阶段采用力学试验-评估模型-实桥验证的思路开展拉索科学养护决策;设计阶段采用形变雷达、机器视觉、声纹定损等结构健康监测新技术,实现基于声纹定损的伸缩装置病害监测;施工阶段采用了分层设计拉索不同净空防护防火方案,拉索防火缠包采用玄武岩新材料和新工艺等。通过上述科技创新手段,提升了危旧桥梁改造实施水平。

五、推广意义

本项目采用的试换索方式节省了资金,避免了盲目换索,评估工作扎实,值得推广。本项目具有很好的科研导向性,科研、检测和设计相结合的新模式可复制、可推广。

G20 线西流高架桥维修加固工程

一、工程概况

西流高架桥位于 G20 高速公路山东省青岛市境内,桥梁全长 6850m,是连接青岛市李沧区、城阳区与即墨区的重要通道,1995 年建成通车。随着青岛经济的持续发展,交通量增长迅速,作为主干道之一的西流高架桥由于病害原因自 2010 年开始实施限高限载,并于 2016 年将限高降为 2.85m。2020 年本桥经检测被评为四类桥梁,为保证交通运营安全、提高道路服务水平,经青岛市交通运输局批准,对西流高架桥实施维修加固。

西流高架桥维修加固工程由青岛市公路事业发展中心组织实施,采用设计单位牵头的 EPC(工程总承包)模式,由山东省交通规划设计院集团有限公司作为 EPC 项目的牵头人,由中交基础设施养护集团有限公司、山东省公路桥梁建设集团有限公司承担施工工作。在项目实施过程中,充分发挥设计单位牵头总承包模式的优势,积极推进新技术、新工艺的应用,保质量、保安全、促进度。最终,本项目于 2022 年 10 月 27 日通过交工验收,提前通车。西流高架桥加固通车后全景如图 1 所示。

图 1 加固通车后的西流高架桥

二、实施内容

西流高架桥上部结构为预应力钢筋混凝土连续箱梁及钢筋混凝土连续箱梁，其中预应力钢筋混凝土连续箱梁每三跨或四跨为一联，并通过距离桥墩 5m 位置的牛腿处的伸缩装置连接。

西流高架桥维修加固前的主要病害为：桥梁主梁（包括预应力混凝土结构及钢筋混凝土结构）底板存在横向、斜向以及纵向裂缝等，桥梁牛腿结构存在斜向、竖向及水平裂缝，个别墩柱受到撞击后存在开裂、破损情况，桥梁上、下部结构存在不同程度的混凝土破损情况，桥梁排水系统缺损严重，桥梁支座、桥面铺装及伸缩装置等附属结构存在不同程度的破损。

针对上述病害，采取的维修加固措施主要为：预应力钢筋混凝土桥跨根据梁板技术状况采取跨中增设立柱、预应力碳纤维板以及预应力碳纤维板与体外束组合加固三种加固措施，普通钢筋混凝土桥跨粘贴高强钢丝布加固，牛腿结构增设立柱支撑或 UHPC（超高性能混凝土）局部支撑，护栏提升改造，增设桥墩防护装置，全面修复桥梁排水系统，更换桥梁铺装及伸缩装置，更换全桥支座等，同时增设了非现场执法点和桥梁健康监测系统。

1. 先进的加固技术

（1）针对牛腿病害，本项目采取了增设立柱支撑和 UHPC 局部支撑两种加固方案。新增牛腿立柱对原桥上下牛腿结构均进行了有效支撑，并对上牛腿施加了预顶力，如图 2 所示。施加的预顶力大小充分考虑牛腿结构及桥梁上部结构的安全，加固后有效减小了牛腿结构内部受力，保障了桥梁的安全。

在桥下空间受限、没有条件增设支撑立柱时，采用了 UHPC 局部支撑加固方案。在牛腿新增局部支撑的同时施加了预顶力，充分发挥了 UHPC 的性能优势，有效减小了原桥牛腿结构的内部受力，如图 3 所示。

图 2　牛腿新增立柱支撑

图 3　牛腿 UHPC 局部支撑

（2）西流高架桥部分预应力钢筋混凝土桥跨采用了预应力碳纤维板与体外束组合加固方案。在桥跨加固过程中，应用了桥梁加固伴随监测技术。在体外束张拉过程中，持续对损伤待加固跨和具有相同结构特性的正常对比跨在同样荷载作用下的效应进行动态监控和对比分析，以结果为导向，精准控制预应力体外束张拉数值，保证加固效果。梁板预应力碳纤维板与体外束组合加固如图 4 所示，加固伴随监测技术的原理及监测现场施工如图 5、图 6 所示。

2. 优秀的管理模式

西流高架桥维修加固工程采用了 EPC 模式，山东省交通规划设计院集团有限公司作为 EPC 项目的牵头单位，在项目全过程中充分发挥了设计单位主导 EPC 模式的优势,不仅确保了梁板预应力碳纤维板+体外束加固、牛腿增设支撑等关键技术的准确实施,而且能实时优化设计方案,真正实现了对桥梁的精准加固。同时,通过搭建的协同管理平台,打破了传统的管理模式,实现了对项目便捷、有效的管理。

图 4 梁板预应力碳纤维板+体外束组合加固

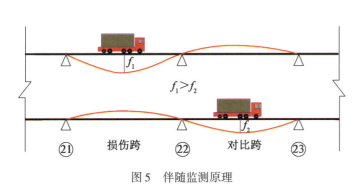

图 5 伴随监测原理

图 6 体外束张拉过程中开展伴随监测

三、实施效果评价

(1)本维修加固工程在建设单位及监理单位的指导下,充分发挥设计单位牵头的 EPC 模式优势,统一整合设计、施工、采购等各项资源,保障工程质量和工期,实现桥梁提前全线通车。

(2)本维修加固工程采用了预应力碳纤维板、体外束、高强钢丝布、增设牛腿立柱或局部支撑、增设墩柱防护装置等加固措施,保证了桥梁的结构安全;通过混凝土破损修补、增设梁板滴水檐、修复排水设施、更换桥面铺装及防水层、更换桥梁伸缩装置等维修措施,提高了桥梁的耐久性。加固工作完成后,桥梁总体技术状况评定等级由四类提升至二类。

加固工程完成后,经过一年多的运营观察,本桥技术状况等级稳定保持在二类,未发生明显病害,桥梁运营状况良好。

四、主要亮点和典型经验

1. 旧桥加固技术

西流高架桥维修加固工程针对桥梁结构形式和技术状况,采用了多种先进的加固技术,充分利用了原桥结构,避免了桥梁主体结构的拆除重建,在保证桥梁结构安全的同时,最大限度地减小对社会的影响,真正做到了技术先进、安全可靠、经久耐用、经济合理和可持续发展。

2. 伴随监测技术

在西流高架桥预应力梁板的加固过程中,为保证预应力体外束加固效果,在预应力体外束张拉的同时进行了伴随监测工作,以结果为导向,在不影响道路交通的前提下,通过对桥梁关键参数进行动态监控,精准控制预应力体外束张拉数值,保证桥梁加固效果。

3. EPC 模式

西流高架桥维修加固工程采用 EPC 模式,将设计、采购、施工交由以山东省交通规划设计院集团有限公司为主导的总承包单位,保障了工程质量和工期。在工程项目的实施过程中,EPC 模式前期显著提高了项目立项、招投标等组织工作的效率,施工阶段充分发挥了设计的主导作用,实现设计与施工的统筹安排,保证了项目的质量和进度;简化了业主管理,责任风险明确;合理确定造价,严格控制费用。

五、推广意义

西流高架桥维修加固工程为山东省交通运输厅科技计划项目"城市高架桥综合加固防护体系研究"主要依托工程之一,项目成功地应用了梁体体外束加固及伴随监测技术、牛腿加固技术等多项桥梁加固技术,不仅达到了预期的加固效果,更为同类桥梁结构提供了强有力的参考。本桥维修加固的成功案例,为未来的桥梁加固提供了宝贵的经验。

此外,西流高架桥维修加固工程作为青岛市首个采用工程总承包模式实施的公路桥梁维修加固工程,为桥梁维修加固工程树立了典范。这种模式能够有效整合资源,提高工程效率,为桥梁维修加固工程提供了新的思路和方法。

济宁市普通国省道桥梁通航安全综合评估及防船舶碰撞提升工程

一、工程概况

跨越航道桥梁是铁路、公路、城市道路、水路等交通运输通道的咽喉节点，部分早期建设的桥梁存在通航净空尺度较小、防撞标准较低、未按要求设置防撞设施、船舶大型化发展等问题，导致近年来一些桥梁与船舶不匹配的安全风险凸显，若发生船舶碰撞桥梁事故，将直接影响交通运输的安全和畅通，关系到经济社会发展和人民群众生命财产安全。根据交通运输部办公厅印发的《公路危旧桥梁改造行动方案》《船舶碰撞桥梁隐患治理三年行动实施方案》要求，山东省济宁市公路事业发展中心排查出15座有隐患的普通国省道桥梁，见表1。

15座有隐患的普通国省道桥梁　　　　表1

序号	桥梁名称	所处位置
1	洙水河桥（南）	G237 济宁—宁德公路
2	洙水河桥（北）	G237 济宁—宁德公路
3	韩庄大桥	G104 北京—平潭公路
4	潘家渡大桥	G104 北京—平潭公路
5	梁济运河火头湾大桥（南）	S319 临沂—鄄城公路
6	梁济运河火头湾大桥（北）	S319 临沂—鄄城公路
7	南旺大桥	S244 汶上—金乡公路
8	京杭运河巨源大桥	G342 日照—凤县公路
9	京杭运河大桥	G105 北京—澳门公路
10	洙水河桥	G105 北京—澳门公路
11	北大溜桥	G237 济宁—宁德公路
12	孙庄大桥	G342 日照—凤县公路

续上表

序号	桥梁名称	所处位置
13	白马河桥	S104 济南—微山公路
14	郭楼大桥	S321 枣庄—梁山公路
15	坡石桥	S321 枣庄—梁山公路

这 15 座桥梁受建设时期设计规范、经济基础局限,建设标准相对落后,存在通航净空不足、桥墩位于主河槽等通航安全隐患;且部分桥梁已于 5~10 年内改建,建成时间短,若再拆除重建,可能会造成不良社会影响。2022 年,济宁市公路事业发展中心依据行动方案要求,对 15 座桥完成了桥梁通航安全综合评估及防船舶碰撞提升改造,针对性地化解了船舶碰撞桥梁风险,保障了桥梁运营和船舶通行的安全。

本项目由济宁市公路事业发展中心组织实施,施工单位为济宁富通公路产业开发中心、济宁市公路工程公司联合体,设计单位为山东省交通规划设计院集团有限公司、济宁市鸿翔公路勘察设计研究院有限公司联合体。2023 年 4 月,济宁市普通国省道桥梁通航安全综合评估及防船舶碰撞提升工程顺利通过交工验收。部分改造桥梁全景如图 1~图 4 所示。

图 1　白马河桥

图 2　京杭运河巨源大桥

图 3　南旺大桥

图 4　韩庄大桥

二、实施内容

1. 桥梁通航安全综合评估

2020年,交通运输部先后印发了《船舶碰撞桥梁隐患治理三年行动实施方案》和《公路危旧桥梁改造行动方案》,济宁市公路事业发展中心综合两个行动方案要求,对管辖桥梁全面开展了风险隐患自查,对每座桥梁标志标牌、净空尺度、防撞设施情况进行现场实地核查,建立每座桥梁工作台账,采用"一桥一策"机制,系统梳理分析桥梁现状,科学制定桥梁问题隐患和制度措施"两个清单",做好隐患排查工作。经排查,15座桥梁存在主墩位于通航水域范围内、通航净空不满足规范要求、缺少防船撞设施等安全风险隐患。

随后,济宁市公路事业发展中心委托专业的设计咨询单位,开展桥梁通航安全风险及抗撞性能综合评估工作。设计咨询单位从桥梁、航道、船舶三方面进行了基础资料调查;通过分析各桥桥区航道条件和通航环境,对通航安全风险进行评估;根据各桥公路等级,确定桥梁抗撞性能标准、选取设防代表船型、计算船舶撞击力并进行桥梁抗撞性能验算;根据综合分析情况,编制了通航安全风险及抗撞性能综合评估报告,由济宁市公路事业发展中心组织相关行业专家进行咨询评审,邀请相关交通运输、航道、海事等行政管理部门和桥梁行业监管部门参加。结合专家意见,设计咨询单位对15座桥进行了桥梁防船舶碰撞安全提升设计,由济宁市交通运输局上报山东省交通运输厅组织审核设计文件并进行设计批复。

本工程分两批设计、施工。施工期间协调相关部门采取了临时交通管制等针对性的维护保障措施,确保施工作业安全,并严格对照施工规范、质量检验验收标准、交(竣)工验收办法等,核查施工自检材料、三方检验材料、产品合格证等,确保工程质量。

济宁市公路事业发展中心对每座桥梁的工作开展情况进行现场核查,对核查发现的问题全部实施台账销号管理,确保整治取得实效。

2. 防船舶碰撞提升工程

这15座桥梁位于多条通航河流上,桥梁、航道情况各不相同,通过对15座桥分别开展桥梁通航安全风险及抗撞性能综合评估,因桥施策,采用了独立式防撞设施、附着式防撞设施、完善导助航设施等方法提升各桥的防船撞能力。

(1)完善导助航设施

经过逐桥现场排查,各桥的导助航设施均存在设置不全或者老化褪色的情况。本工程补全、更新了桥梁航标和警示标志,主要为桥涵标、桥柱灯、乙类桥梁标志、高度受限标志、桥名标牌、实时通航净高标尺、禁止会船标、浮标、安全警示标牌,清晰地向船舶驾驶员传递桥区信息,改善了桥区通航环境,引导船舶安全通过桥区。G237线洙水河桥完善的导助航设施如图5所示。

图5　洙水河桥(G237线)完善导助航设施

其中,京杭运河大桥主桥桥墩虽然位于河道内,但经设计咨询单位分析,两主墩在最高通航水位时的水深比所有船型的吃水都小,基本不存在受船舶撞击的风险;潘家渡大桥、洙水河桥(G105线)、坡石桥虽然跨径较小,但经设计咨询单位调研分析,三座桥的主墩均埋于航道岸坡内,桥墩基本不存在受船舶撞击的风险。以上四座桥仅采用完善导助航设施的措施,不设置结构性防船撞设施。洙水河桥(G105线)桥墩位置如图6所示。

图 6　洙水河桥(G105 线)桥墩埋于岸坡内

（2）安装附着式防船撞设施

南旺大桥、北大溜桥、白马河桥的通航桥孔主墩位于航道主河槽内，处于航道设计代表船型可达水域，存在船舶碰撞桥墩的风险。设计咨询单位建立了这三座桥的全桥有限元模型，对桥梁抗撞性能进行了综合评估。经验算，桥梁受船舶撞击作用时，结构构件的安全性能不能完全保持（即桥梁构件抗船撞性能等级不满足 JX1 要求），需要采取进一步措施以提高桥梁抗船撞性能。根据验算结果，如果通过有效的手段消减船舶传递给桥墩的撞击力，桥墩在受设计船舶撞击时能保证结构的安全性能。这三座桥均采用了附着式防船撞设施，根据桥墩安装条件、水位变动范围，北大溜桥、白马河桥采用了浮动式防船撞设施，南旺大桥采用了固定式防船撞设施。防船撞设施使用钢覆复合材料，当船舶撞击桥墩时，防撞设施箱体及其内部填充的耗能材料在撞击力作用下压缩变形，实现耗能缓冲；内侧设置的柔性耗能元件柔性吸能，避免装置浮动过程造成桥墩表面损伤；撞击过程中，防撞设施吸收撞击能量，降低撞击力，减小桥梁和船舶的损伤。北大溜桥浮动式防船撞设施如图 7 所示。

此外，韩庄大桥、孙庄大桥的桥墩抗撞性能远远不能满足规范要求。因此，在桥墩上设置浮动式防船撞设施以防止船舶剐蹭损伤桥墩，并采用独立式防船撞设施以避免桥墩受到船舶直接撞击。

图7　北大溜桥浮动式防船撞设施

(3)设置警示导航桩

孙庄大桥、郭楼大桥的桥墩位于河道内,存在桥梁抗撞能力严重不足的安全隐患,但两桥建设条件受限,难以通过设置独立式防船撞设施和附着式防船撞设施根治隐患。经设计咨询单位反复论证调研,最终决定设置多组警示导航桩,在桥区航道范围内形成导航段,引导船舶沿安全的航路通过桥区。

警示导航桩仅具备导航和警示作用,能降低船舶撞击桥梁的风险,但桥梁自身防撞能力不足的问题并未得到根本解决。计划后期结合路网改造或航道整治工程适时拆除重建,彻底消除通航安全隐患,保障桥梁和船舶通行安全。孙庄大桥、郭楼大桥桥区警示导航桩如图8、图9所示。

图8　孙庄大桥桥区警示导航桩　　　　图9　郭楼大桥桥区警示导航桩

(4)设置独立式防船撞设施

对于桥墩抗撞性能远远达不到规范要求或安装附着式防撞设施困难的桥梁,采取在桥墩上下游设置独立式防船撞设施的措施,避免桥墩受到船舶直接撞击,保障桥梁安全。洙水河桥(南)、洙水河桥(北)、韩庄大桥、梁济运河火头湾大桥(南)、梁济运河火头湾大桥(北)、京杭运河巨源大桥均设置了独立式防船撞设施。梁济运河火头湾大桥独立式防船撞设施如图10所示。

图10 梁济运河火头湾大桥独立式防船撞设施

三、实施效果评价

根据桥梁自身的抗撞能力和风险水平,通过避免船舶直接撞击桥梁或削弱碰撞时对桥梁造成的损伤、引导船舶安全通过桥区等方式提升桥梁防船撞能力。目前各桥梁的船舶碰撞隐患均得到了针对性治理,桥梁运行安全得到了有效保障。

四、主要亮点和典型经验

1.部门协同联动提升工作效率

在本工程中,加强船舶碰撞桥梁隐患治理与公路危旧桥梁改造行动、京杭运河航道升级改造工程相衔接,建立了与相关部门间船舶碰撞桥梁隐患治理会商机制,实现了信息共享,形成了联动治理合力。

2. 因桥施策提升桥梁防船撞能力

本工程的 15 座桥梁情况各异，经专业咨询设计单位的综合评估，对于抗撞性能不满足要求的桥梁，优先采取设置独立式防撞设施、附着式防撞设施、完善导助航设施等方式；对于难以设置防撞设施、加固或改造的桥梁，由济宁市公路事业发展中心上报济宁市交通运输局组织各有关部门加强现场管理。对抗撞性能不满足通航要求的桥梁，通过本工程处治；对满足现状但不满足规划标准的，与相关部门对接后，待规划航道提升工程实施或桥梁改建时再进行处治。

五、推广意义

（1）本工程涉及桥梁众多，实施过程中因桥施策，采用了多种方法提升桥梁的防船撞能力，可以为其他桥梁防船撞工程提供丰富经验，并且总体造价较低，值得借鉴推广。

（2）跨航道桥梁涉及多个部门，本工程实施过程中，相关部门间定期研究通报存在问题和解决措施，加强协作联动，形成了风险隐患排查、防范化解的常态化、长效化机制，具有创新性和参考价值。

广东省 S234 线揭阳老北河大桥危旧桥梁改造工程

一、工程概况

揭阳老北河大桥位于广东省 S234 线揭阳市榕城区境内,跨越榕江北河,分为两幅,一幅为石拱桥(建成于 1965 年),一幅为梁桥(建成于 1990 年),桥面总宽度为 20.55m。拱桥全长 275.5m,跨径组合为 8×32m,上部结构为空腹式双铰拱,下部结构为石砌桥墩。梁桥全长 276m,桥梁跨径组合为 10m+8×32m+10m,引桥为钢筋混凝土 T 梁,主桥为预应力混凝土简支 T 梁,下部结构为双柱式桥墩,埋置式轻型桥台。揭阳老北河大桥桥梁原貌如图 1 所示。

图 1　揭阳老北河大桥原貌

2017 年本桥技术状况被评定为四类,需要及时开展加固改造。揭阳老北河大桥改造工程由揭阳市公路事务中心组织实施,施工单位为广东能达公路养护股份有限公司,设计单位为北京特希达交通勘察设计院有限公司。2021 年 12 月本项目顺利通过交工验收。揭阳老北河大桥改造后桥梁全景如图 2 所示。

图 2　改造后航拍

二、实施内容

(1) 拆除拱桥桥面板,保留侧墙、挑梁和拱上填料,局部修补主拱圈,增大部分腹拱圈截面。拆除桥面板如图 3 所示,立墙植筋浇筑混凝土如图 4 所示。

图 3　拆除桥面板　　　　　　　　图 4　立墙植筋浇筑混凝土

(2) 更换梁桥全部支座和伸缩装置,增大盖梁截面,重做挡块。为满足桥面设置双向四车道的要求,加宽 T 梁翼板约 50cm,新增横隔板和斜撑,对边梁设置体外预应力体系。桥底改造前后对比如图 5 所示。

(3) 新增拱桥挑梁,拆除梁桥桥面铺装层,重做全桥桥面系。拆除全桥人行道及分隔带,重新设置机动车与非机动车道隔离护栏、中央分隔带,重新设置栏杆。桥面改造如图 6 所示。

(4) 增大拱桥部分桥墩基础截面,抛石防护。桥台钢花管注浆加固,重做桥头搭板。

图 5　桥底改造前后对比

图 6　桥面改造

三、实施效果评价

（1）本次维修加固不仅解决了桥梁病害，提升桥梁安全性和耐久性，而且通过加宽桥面，升级为双向四车道，设置了非机动车道和人行道，提高桥梁通行能力和行车舒适性、安全性。

（2）石拱桥本身具有构造简单、跨越能力大、外形美观的特点，但存在连拱效应、整体性差、对地基要求较高的缺点，如今较少使用石拱桥结构，可谓是拆一座便少一座。老北河大桥建成于 1965 年，位于揭阳市区内，是广东省内现存规模最大的石拱桥之一，且桥梁曾获陶铸副总理题字，如今已是城市内著名的人文历史景点。本次维修加固最大限度地保留了石拱桥的原貌，并重新设置"北河大桥"桥牌以纪念陶铸副总理，保护其历史人文价值。

（3）若要在市区内新建一座 270m 的大桥，花费时间长、投资大，而本次维修加固投资小、经济效益高，是实实在在地为人民做的一件好事，深受广大市民的好评。

四、推广意义

（1）石拱桥凝聚着广大劳动人民的心血，具有历史人文价值。本次维修加固在保证质量和安全的前提下，保留了石拱桥原貌，具有极大意义。

（2）本次维修加固拆除重做拱桥桥面板，加宽 T 梁翼板，增设横隔板和斜撑，优化升级了横断面，为同类型桥梁在设计、施工上提供了参考。

G348 线双江大桥维修加固工程设计施工总承包

一、工程概况

云阳双江大桥为 G348 线上的一座重要桥梁,位于重庆万州区—重庆云阳县—重庆巫山县—湖北宜昌三峡库区沿江大道上,北连云阳县万云北路,东接双万公路,内通云阳县新东、西城区。大桥横跨重庆东长江支流,是连接利川市、重庆市的"经济大动脉"。云阳双江大桥是"三峡移民新城"的"门户桥",对云阳县的发展起到了承东启西的重要作用,不仅利于云阳县移民开发、完善地区性路网建设,也为沿江移民地区和四川西部、四川东北部地区的物资运输出川开辟了一条通道。

云阳双江大桥主桥上部结构为净跨径 126m 的三连拱钢筋混凝土箱形拱式结构,下部结构为空心式钢筋混凝土柔性墩,引桥为净跨径 30m 的三连拱空腹式石砌拱桥。全桥长 523.188m,净跨径为 $3 \times 126m + 3 \times 30m$,桥面宽度为 12.5m。云阳双江大桥立面照如图 1 所示。

图 1　云阳双江大桥立面照

经过23年的运营使用,桥梁出现不同程度病害。根据《云阳双江大桥专项检测报告(2020年)》,桥梁存在的主要病害为:上部结构部分桥面板问题严重,重车经过时,桥面板严重错台、下挠,出现单板受力现象,主桥多处铰缝破坏,存在重大安全风险。2019年,更换全桥桥面铺装层,但仅使用一年后,桥面又出现大量严重破损病害,并发现较多反射裂缝病害。本次维修主要内容为:①更换全桥桥面板。为彻底解决小铰缝桥面板整体性差、受力不均的问题,将桥面板由小铰缝构造更换为大铰缝一体化桥面板,以增强桥面板板间横向联系,增强桥面结构系的整体性。②优化桥面系构造,尽量保证改造前后桥梁整体恒载基本不变,恢复桥梁承载能力水平,提高服务水平。

云阳双江大桥维修加固工程由云阳县交通局组织实施,设计和施工单位均为招商局重庆交通科研设计院有限公司。2021年5月,本项目顺利通过交工验收。

二、实施内容

1. 主要问题

(1)桥面板单板受力问题

原桥主桥上部结构受到建设年代设计手段及设计理念的局限性、吊装能力和吊装效率较差制约,桥面板为多片小铰缝实心板结构,结构整体性差,桥面板横向刚度与铰缝横向刚度相差较大,传力效应较弱,桥面板相互联系较弱。同时,由于铰缝尺寸较小,不易振捣浇筑密实,施工质量难以保证。在设计缺陷及施工品控差的双重影响因素下,随着交通量日益增长,在重车荷载长期反复冲击作用下,铰缝混凝土逐步开裂松散,横向传力功能减弱甚至丧失,出现单板受力状态,造成桥面板大量开裂。本项目通过更换大铰缝一体化桥面板的改造方案,有效解决了桥面单板受力问题。桥面板病害如图2、图3所示。

图2　重车经过时桥面板发生明显错台

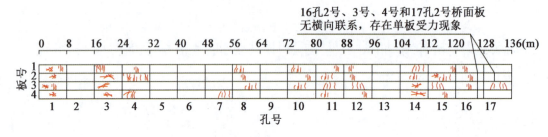

图3　桥面板裂缝分布图

（2）使用大型起重机械存在安全风险

本桥于2019年更换全桥桥面铺装层，仅使用一年后，桥面出现大量严重破损病害，并发现较多反射裂缝病害。本桥又存在严重单板受力现象，可能存在随时断板的安全风险。为保证桥梁结构安全，设计上提出了改造全桥桥面板的方案，但桥面板的拆除和安装却成为一大难题。传统的履带式起重机具有很好的稳定性、防滑性、载重能力，但经测算，吊装桥面板需使用的起重机自重达95t，在既有桥梁存在严重安全风险的情况下，无法采用大型起重机施工。本项目创新性地采用轨道式门式起重机，不仅能保障吊装能力，还大幅减轻了自重，整套机械自重仅30t，保证了本桥换板施工的安全性。

（3）引桥拱圈变形缝零散问题

本桥引桥为适应其腹拱在温度作用下的变形，已在95m范围内共设置10道伸缩装置。但是，桥面行车舒适性很差，且重车通行对桥面存在较大的冲击作用。本项目通过更换新型无缝伸缩装置的方式，利用弹塑性体伸缩装置新型材料适应变形能力强的特点,有效降低了重车荷载对桥面的冲击作用,增强了桥面行车舒适性。

(4)桥梁实际尺寸与原竣工图不符

本桥于1997年建成,本次加固改造施工过程中发现引桥拱上横墙构造及高程与原桥竣工图存在偏差。为保证桥面高程平顺,需在拱上横墙顶面新增垫石加高。但每处横墙需加高尺寸较小,加高尺寸不超过10cm,采用常规材料难以保证浇筑质量、强度和工期。本项目采用超高性能混凝土对原拱上横墙进行加高,解决了小尺寸混凝土不易振捣、不易养护的问题,保证了桥梁结构安全。

(5)应急抢险项目安全风险大、工期紧

本桥在既有桥梁存在较多安全风险的情况下进行加固改造,改造设计技术难度大,施工难度大、风险高。本桥位于G348线咽喉处,地理位置重要,交通量大,项目改造需要封闭全桥施工,工期要求高,对交通影响较大。本项目创新性地提出采用EPC工程总承包管理模式,有效解决了应急抢险项目安全风险大、实施工期紧、质量要求高的问题。

2. 维修加固方案

(1)对主桥(第1~6跨)进行结构性加固,提升桥梁部分构件承载能力;对引桥(第7跨)进行病害处治维修,提升桥梁技术状况。

(2)为彻底解决小铰缝桥面板单板受力的安全风险,采用大铰缝一体化桥面板进行更换,增强桥面板板间横向联系和桥面结构系的整体性,使桥梁承载能力恢复原设计水平。

(3)修补、处治桥梁混凝土结构耐久性病害,提升桥梁技术状况。

(4)主桥主拱圈拱脚截面安全储备较低,通过增大截面加固,提高桥梁结构安全储备。

(5)对不满足现行规范要求的防撞护栏进行改造。

3. EPC 管理模式

在既有桥梁存在较多安全风险的情况下对本桥进行加固改造,设计技术难度大,施工难度大。因此,本项目创新性地采用 EPC 管理模式,确保项目安全、快速施工。

三、实施效果评价

本项目作为应急抢险项目,为安全快捷解决桥梁病害问题,创新性地采用 EPC 管理模式。通过 EPC 模式创新和技术创新,在实施过程中,以设计为主导,不断优化现场实施方案,紧密联系设计、采购、施工等各个环节,达成并超越了建设单位要求的进度、成本、质量控制目标。在实现大铰缝一体化桥面板、无缝伸缩装置解决拱桥零散变形缝问题等多项技术创新的同时,充分优化全过程施工工序,实现总工期有效缩短,工程质量经检测验收全部合格,桥梁结构病害实现快速靶向治疗。

四、主要亮点和典型经验

本项目通过设计方案技术创新、施工工艺技术创新、商业模式创新,并大力倡导、运用"四新"技术,有效节省了项目实施工期,快速并彻底规避了桥梁的安全风险,增强桥梁行车舒适性、耐久性,为桥梁的安全运营保驾护航。

1. 设计技术创新:大铰缝一体化桥面板

本桥原设计桥面板为1m宽,铰缝宽度仅为8cm。在设计缺陷及施工品控难度大的双重影响因素下,存在严重单板受力现象,可能有随时断板的安全风险。本次设计创新性地采用大铰缝一体化桥面板,桥面板宽度增大为2.88m,铰缝宽度增大为66cm,显著增强了桥面板之间的横向联系,从而加大桥面结构体系刚度与整体性,改善了桥面板整体的横向受力状态。大铰缝一体化桥面板设计及施工如图4、图5所示。

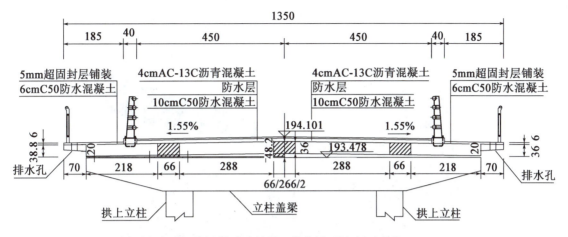

图4 桥面板更换为大铰缝一体化桥面板(尺寸单位:cm)

图5 桥面板更换施工

2. 施工装备创新:轨道式门式起重机

基于传统履带式起重机自重大的缺点,结合桥梁现有结构状态差、安全风险大的特点,本次施工创新性地提出了自重小、结构简单、实用性强的小型化新型起重机——轨道式门式起重机,该设备将运梁平车下沉至地面上,实现了设备的小型化,全套设备自重仅30t。该设备将横向移动组件与纵梁的两端活动连接,大幅减小了纵梁在弯曲变形时对支撑组件的影响,同时,活动支撑架在更换桥面板的过程中能够快速、方便地进行移动,大幅提高了吊装运输效率,针对性地解决了施工过程安全风险大、加固改造工期紧的问题,将桥梁加固改造对交通的影响降到最低。轨道式门式起重机如图6所示。

图6 轨道式门式起重机

3.新材料应用:无缝伸缩装置

本桥引桥为适应温度作用下桥面变形,设置了多条变形缝,在长期重载作用下,拱圈存在多处渗水泛碱流膏现象。为解决此类问题,本次施工创新性地将无缝伸缩装置运用到引桥小变形位置处,不仅有效地解决了引桥变形缝失效问题,也增强了桥面行车舒适性。无缝伸缩装置施工如图7所示。

图7 无缝伸缩装置施工

4. 新材料应用：超高性能混凝土

为解决小尺寸结构强度不足的问题，本项目创新性地运用了超高性能混凝土，利用其超高强度、超强耐久性和耐侵蚀性能等特点，成功解决了小尺寸结构的强度和耐久性难以保证的问题，保证了桥面高程的平顺，增强了桥面行车舒适性，保障了桥梁结构安全。

5. 商业模式创新：EPC 管理模式

本项目作为应急抢险项目，桥梁安全风险大，设计、施工技术难度高。本项目创新性地采用 EPC 管理模式，有效解决了项目风险大、难度高、工期紧的问题。

五、推广意义

本项目对云阳双江大桥进行了全面的维修及病害处治，彻底解决了大桥结构安全问题，提高了整体刚度，提升了行车安全性、舒适性、耐久性。通过 EPC 模式创新和技术创新，实现设计、施工高度融合，有利于设计、采购、施工各阶段工作的合理衔接，同时大力运用"四新"技术，达成建设项目的安全、进度、成本和质量目标，在实现多项技术创新保证桥梁结构安全的同时，做到了桥梁应急抢险的快速反应和协同作战，保障了人民群众的出行安全。